上達の早さは
[illegible]決まる!

てらゆーの

ゴルフ スコアメイク 大全

『Tera-You-Golf』
てらゆー

KADOKAWA

PROLOGUE

［はじめに］

スコアメイク術を知れば スコアは10打以上良くなる

みんなスコア＝スイングと考え過ぎている

こんにちは。ゴルフユーチューバーのてらゆーです。

ご存じの方もいると思いますが、2023年3月に、『ゴルフは基本がすべて！ てらゆーのゴルフスイング大全』を出版しました。「スイングの基本」をテーマに、YouTubeでお伝えしてきたこと、また、私が運営しているレッスンスタジオ「TERA-YOU-GOLF-STUDIO」で展開しているレッスンの内容を1冊の本にまとめたものですが、多くの方々から好評をいただきました。スイングに関して私がお伝えしたかったことをすべて盛り込んだので、高い評価をいただいたことに、私自身胸を撫で下ろしております。

ただ、この本で、スイングの基本については語り尽くしたものの、まだまだ皆さんにお伝えしたいことがたくさんありました。それは、スコアメイクに関するお話です。

改めて言うまでもなく、ゴルフはスイングの美しさや飛距離を競うスポーツではありません。競技方法はいろいろあるものの、基本的には、「いかに少ないスコアで上がるか」を競うスポーツです。そのためには、どうすればいいのか。皆さんの最大の関心事も、そこにあるのではないでしょうか。

「多くのアマチュアのスコアを劇的にアップさせたい」。その思いが通じ、このたびスコアメイク術をテーマにした本を出版する運びとなりました。これまでラウンドレッスンやYouTubeなどで紹介してきた内容も含め、皆さんのスコアが大幅にアップする情報がここに詰まっていると自負しています。

スイング以外のゴルフ偏差値を上げよう

では、スコアメイクに必要なこととは何なのか。前作のテーマとなった「スイングの基本」はその柱になりますが、スコアメイクに欠かせない要素がそのほかに2つあります。それは、「マネジメント」と「メンタル」です。スイングの基本と合わせたこの3つが、スコアメイクの土台と言っても過言ではありません。

この中でも、特に私がきちんとお伝えしたいと思っていたのは、スコアアップに直結するマネジメントです。

マネジメントの大切さに気がついたのは、学生時代でした。ある大会で、40〜50代の社会人トップアマの方たちとプレーをする機会があったのですが、

PROLOGUE

その人たちのゴルフは、私がそれまで見てきたものとは大きく違っていました。

高校生や大学生は、プロにならってガンガン飛ばし、果敢にピンを狙っていく（実はプロもそうではないということに後で気がつきましたが）という感じだったのですが、トップアマの方たちは、我々のように飛ばすわけでもないし、アイアンがピタッと止まるわけでもない。しかし、きちんとスコアをまとめてきました。

そのプレーを見て驚いたのは、明らかにピンを狙っていないショットが多かったことです。言い過ぎかもしれませんが、グリーンを狙うほとんどのショットを、花道に運んでいたのです。「それだけの技術があるのなら、最初からピンを狙えばいいのに」と思うくらい、ピタッと花道にボールを置く。それを見て、こういうゴルフもあるのかと。それと同時に、これこそが本当のコースマネジメントなのかもしれないと思ったものです。

今の技量でも ベストスコア更新は可能

考えてみたら、プロのプレーも、我々が見ているのはほとんどが上がり3ホール。しかも映像に出てくるのは優勝争いをしている選手が中心なので、ティーショットは飛ばしてくるし、2打目、3打目ではピンを狙ってきます。しかし彼らとて、予選ラウンドで同じようなゴルフをしているかといえば、そんなことはありません。どのクラブで、どこを狙ったら最もリスクが少ないか。また、このホールで勝負を懸けることにどんな見返り（リターン）があるかを考えながら、プレーをしているのです。そういうことを、スコアで悩んでいるゴルファーは気づいていないのではないか、ということを以前から思っていました。

私がお伝えしたかったのは、この部分です。今回は、スコアメイクをテーマに、前作では伝えることができなかった「状況別の打ち方」のほか、スコアメイクには欠かせないアプローチ、バンカー、パッティングなどのショートゲームについても、打ち方や狙い方、さらにはラウンド当日の練習方法、また、メンタルに関しては各章の最後に、とっておきの〝てらゆーメンタル術〟を紹介しています。「スイング大全」と一緒に読んでいただければ、ゴルフの楽しさがさらに広がるはず。それによって皆さんのゴルフライフのさらなる発展につながれば、こんなに嬉しいことはありません。

常に手元に置いていただければ幸いです。

スコアが良い人は
より戦略的に、より狡猾に
ゴルフをしている

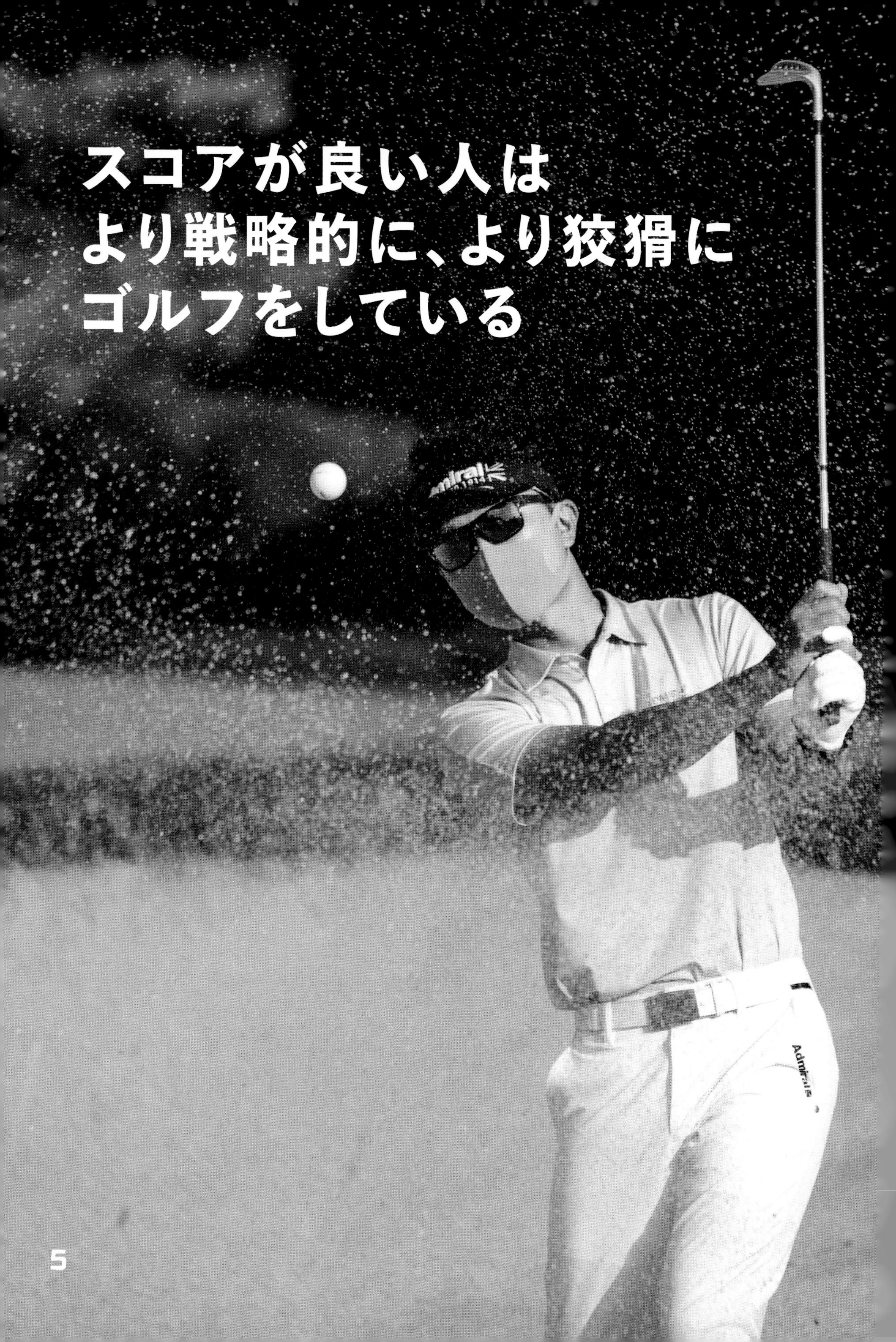

KEYPOINT

スコアアップの鍵

スコアを良くする特効薬は
マネジメントとメンタル術

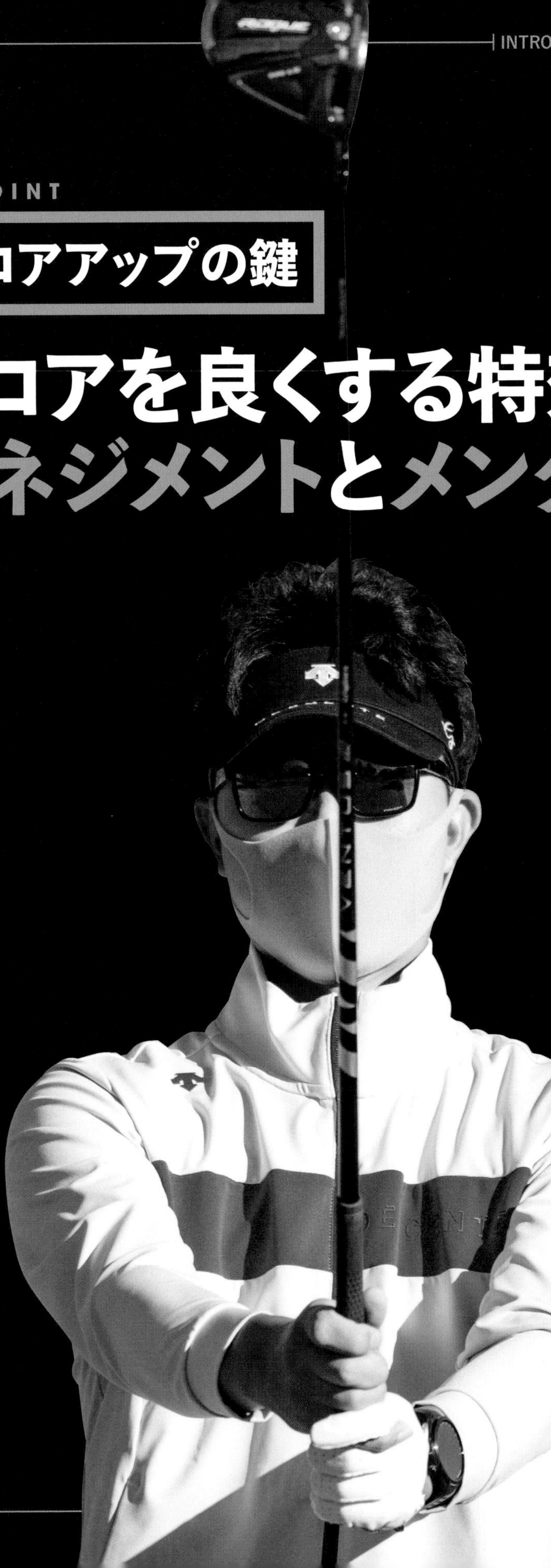

スコアアップ3つの鍵

KEYPOINT 1

スイングの基本

スイングで大事なのは再現性。いつも同じスイングでボールを運ぶことができれば、ゴルフが楽になる。その再現性を手に入れるためには、基本を身に付けることが大事だ

KEYPOINT 2

マネジメント

ゴルフは囲碁や将棋に例えられることがある。毎ショットごと、最もリスクが少なく、高い確率でボールを運ぶための選択が正しくできるかどうか。それが、勝負の鍵となる

KEYPOINT 3

メンタル

ゴルフは、常に自分との戦い。飛ばしたいという欲望、白杭や池から受けるプレッシャー。それらをどう克服して、いつも通りのプレーができるかが重要なポイントだ

どれか1つ欠けても スコアアップは望めない

スコアを上げるためには、どうすればいいか。ほとんどのゴルファーが、スイングの完成を目指して日々努力しているのではないでしょうか。確かにそれは大事なことです。ボールをミスなく打つことは、スコアメイクの上でとても重要です。

しかし、スコアを伸ばす上では、それだけでは十分といえません。自然を相手にするゴルフでは、どのクラブでどこにボールを運ぶかという〝マネジメント力〟と、どんな場面でも自分のプレーを遂行できる〝メンタルの強さ〟が、スコアに及ぼす影響が大きいからです。

スイングの基本、マネジメント、メンタルは、スコアアップの鍵ともいうべきもの。3つを同時に鍛えることがスコアアップにつながるのです。

KEYPOINT 1

スイングの基本

振り子・回転・足の動きを正しく身に付ける

振り子

スイングは、同じ軌道を動き続ける振り子運動が基本。この動きを身に付ければ、スイングの再現性が高くなって、ショットが安定する

回転

振り子運動を大きくするために必要不可欠なのが、回転。回転力がアップすれば、ヘッドスピードも上がり、それが大きな飛距離につながる

スイングの基本となる3つの動きを理解する

スイング作りに必要なのは、「振り子」「回転」「足の動き」です。この3つを理解し、その動きをバランス良く身に付けることで、スイングのレベルは上がっていきます。言い換えれば、このうちのどれか1つが欠けても上達しないということです。

その役割を簡単に説明すると、「振り子」は首の付け根を支点とした振り子と、手首を支点とした振り子の2つからなり、スイングの再現性と大きな飛距離を実現します。その振り子運動を、より大きなものにするために必要になってくるのが体の「回転」で、「足の動き」は、腕の動きを促すと同時に、体の大きな動きを誘発します。

練習では、それぞれの役割を理解しながら、スイングの完成度を高めていきましょう。

足の動き

俗にフットワークといわれるもので、足を動かすことによって、自然と腕が動く。足をしっかり動かすことも、飛距離アップには欠かせない

ピンを狙わなくてもOK 次打で打ちやすい場所を狙う

ピンを狙うことがスコアに結び付くとは限らない。賢いゴルファーは常に次打が有利になる場所へ運ぶ。たとえ上級者でも難しい状況が続くとスコアは出ない

KEYPOINT 2

マネジメント

1打でも少なく上がるために確率の良い選択をする

「とにかくピンの近くへ」は卒業しよう

改めて言うまでもなく、ゴルフは1打でも少なく上がることを競うスポーツです。そのためにどこにボールを運べばいいか、どのクラブで打てばいいかを考えるのが、ゴルフでいうところのマネジメントです。

例えば、ピンまで200ヤードのセカンドショットの場合。3Wのナイスショットを期待してグリーンを狙うか、それとも、自分が得意としているPWを2回使って3オンを狙うか。どちらが正解というわけではありませんが、こういうことを考えながら1打1打を打っていくのが、スコアアップに欠かせない作業であり、ゴルフの醍醐味でもあります。「200ヤードだから、とりあえず3W」というゴルフをしていては、いつまで経ってもスコアアップは望めません。

得意クラブを使えるように マネジメントする

残り距離を短くすることだけを考えていないか？ それよりも得意クラブを作って、それを打てる位置に置いた方がスコアは出やすい

ホールで最も叩く打数を極力抑えることを最優先にする

直近のスコアカードをもう一度見てみよう。最も叩いた数字はいくつだったか。バーディーやパーの数を増やすよりも、大叩きの打数を減らすことの方が、スコアを出すためには必要だ

KEYPOINT 2

マネジメント

大叩きを防ぐには リスクとリターンを計算

クラブの特徴を把握してマネジメントする

クラブによって「飛ぶけど上がりにくい」「飛ばないけど曲がりにくい」などがある。常に正しいクラブ選択をすることが、スコアを安定させるためには不可欠だ

リスクの見積もりが甘いから大叩きをしてしまう

1打でも少ない数字で上がるために上級者が常に計算しているのは、リスクとリターンです。当然のことながら、高リスクで低リターンの選択はしません。

一方、スコアが足踏みしている人は、高リスクのプレーを選択しがちです。例えば、少しでも曲がるとOBになってしまうコースで、ドライバーを振り回すといったように。特に難しいコースほど、設計者の罠にハマるケースが多いようです。

その点、上級者はリスクの計算が上手なので、危ない橋は渡らず、難コースでも自分のスコアで上がってくるものです。

「楽しければいい」と思うなら、今まで通りのプレーでいいと思いますが、少しでもスコアを伸ばしたいと思うなら、リスクとリターンの計算は必要なのです。

KEYPOINT 3

メンタル

練習場とコースでスイングが変わることを知っておこう

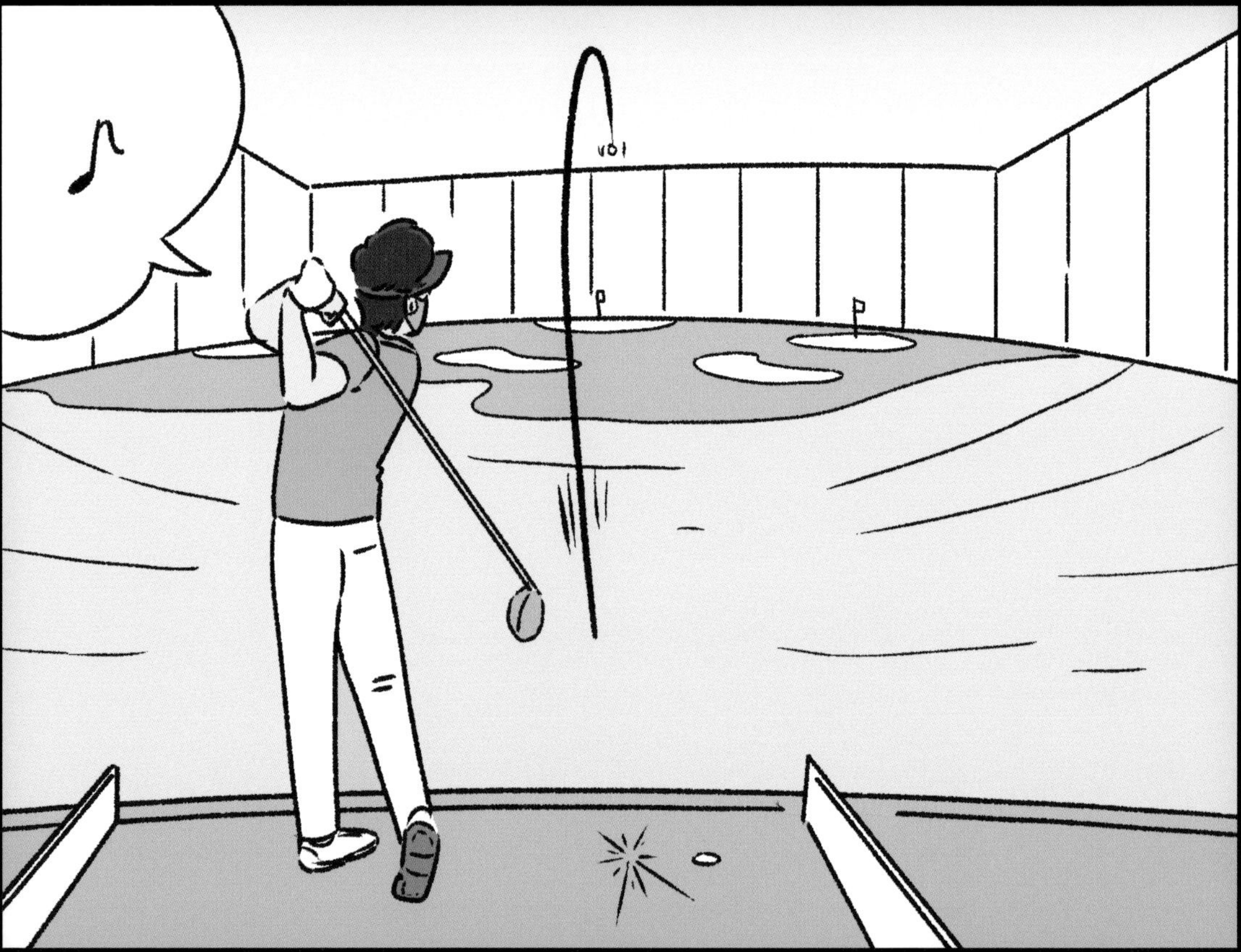

練習場で調子良く
スイングできたとしても…

何のプレッシャーも受けない練習場では、伸び伸びしたスイングでナイスショットを連発。この時点では、「明日のラウンドは、間違いなくいいスコアが出そうだ」と確信しているのだが……

ぼ全員、コースに出ると、100%以上の結果を求めてガチガチになる。この力みは、メンタルトレーニングで解消できるのだ

メンタルトレーニングで
コースでの自分を変える

「練習では良かったのに、コースではダメだった」というのはよくあること。よくあるどころか、ほとんどのゴルファーがその繰り返しではないでしょうか。

なぜ練習場ではいいショットが打てるのに、コースではそのショットが打てないのか。それは、コースでは欲が出るから。「飛ばしたい」「真っ直ぐ打ちたい」「バーディーを取りたい」……。なぜかコースに出ると、普段の自分にできないことまで求めてしまい、その欲望がスイングを変えてしまうのです。

一方、失敗が許される練習場では、ある程度余裕を持ってスイングができます。どちらが本当の自分かといえば、どちらも本当の自分。コースでの自分を変えるためにも、メンタルトレーニングが必要なのです。

KEYPOINT 3

メンタル

常にポジティブワードに置き換える

メンタルはスコアが悪くなる方に働きやすい

ぽじゅー（ポジティブ思考のプレーヤー）と、ねがゆー（ネガティブ思考のプレーヤー）を登場させ（もちろん1人2役ですが）、ラウンドしている動画があるのですが、見ていただいたことはありますか？

私も驚いたのですが、同じ人間が同じようにプレーをしているのに、ぽじゅーとねがゆーとでは大きな差が出ました。もちろん、スコアも含めいいゴルフをしていたのはぽじゅー。一方で演じている私でさえ、「嫌なヤツ」と思ったくらい、ねがゆーに不快感を覚えました。

人間というのは意識しなければ、ネガティブな方に流されやすいと言われています。ぽじゅーのようにハツラツとプレーするためにも、プレー中はポジティブな気持ちを持ち続けることが大切です。

NEGATIVE

ネガティブな考えのゴルファー

- なんだこのホール。狭いしOBはあるし……
- ああラフだ。何で私だけこんなに運が悪いの？
- グリーンに届かなかったか。もう1番手上げれば良かったな

特別にネガティブでなくても、メンタルというものは何もしなければスコアが悪くなる方に働きやすい。ほとんどのゴルファーはそういう傾向があって、自分だけ落ち込むのならいいが、同伴競技者にも不快感を与えるケースが多い

POSITIVE

ポジティブな考えのゴルファー

- 腕前が試されるホールだな。ワクワクするぜ
- ラフだけどグリーンを狙えるからOK
- グリーンには届かなかったけどアプローチは打ちやすいぞ

たとえガッカリするようなことがあっても、それをポジティブな言葉に変換することによって、気持ちが前向きになる。それが次のプレーにも好影響を与えるし、仲間との会話も弾んで、プレーしていること自体が楽しくなってくる

てらゆーの
ゴルフスコアメイク大全

CONTENTS

STAFF

装丁	小口翔平＋奈良岡菜摘（tobufune）
本文デザイン	三國創市
編集協力	城所大輔（多聞堂）
執筆協力	真鍋雅彦
撮影	鳥居健次郎
写真	iStock
イラスト	岡本倫幸
校正	鷗来堂
撮影協力	太平洋クラブ八千代コース オリムピックカントリークラブ
編集	大澤政紀（KADOKAWA）

スコアが変わる メンタルのホント

Column

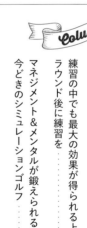

第一章

劇的にスコアが安定するティーショット

ティーショットで大事なのは、次のショットを打ちやすいところにボールを運ぶこと。
そのためには、どのクラブで、どこに打っていけばいいのか。
また、最初の一手ということで、緊張感も増します。
ゴルファーの頭脳と度胸が最も試されるのが、ティーショットです。

目標に向かって真っ直ぐ立つ

OK

目標に向かって真っ直ぐ構えている

目標に対して真っ直ぐ構えるというのが基本。これができていて初めて、いいスイングがいいショットにつながる。プロや上級者は、当たり前のように“真っ直ぐ立つ”を実現している

NG

目標よりも右を向いている

アマチュアの7割は右向きの構え。なぜそうなるかは分かっていないが、右を向くとボールは右に飛び、インサイドから下ろしていると勘違いして、アウトサイドインの軌道になりやすい

右を向いて構えると スイング自体が崩れる

スイングにおいて最も大事なことは、目標に対して真っ直ぐ立つことです。当たり前のことですが、これができていない人が多く、アベレージゴルファーの約7割が、右を向いて構えるというミスを犯しています。

右を向くと、いいスイングをしていてもボールは右に出ます。さらにそのミスを「インサイドからクラブが入っているから起こる」と勘違いをして、クラブをアウトサイドから入れようとする。その結果、どんどんスイングが悪くなるというケースが多いのです。

右を向いている場合は、アライメントスティックで向きを確認。直らない場合は、プライベートラウンドならば、毎回スティックを置いてティーショットを打つのも1つの方法です。

POINT アライメントスティックで方向を確認しよう

まずはアライメントスティックで向きをチェック。その時の景色の見え方を覚える。慣れるまで、アライメントスティックを置いてラウンドするのもオススメ

ルール上はNGだが
練習ではOK。
時には練習のための
ラウンドも必要です
アライメントスティック

できるだけ遠くのものを目標にする

POINT 遠くの林や建造物を目標として見つける

近くのものよりも遠くにあるものを目標に設定した方が、余計な情報が入ってこない。鉄塔や山の稜線、めぼしいものがない場合は雲を目標にしよう

雲
木
高い木でも
雲でもいいので
遠くのものを
目標に構えましょう

目標を近くに設定すると余計な情報が入ってくる

目標に対して真っ直ぐ立つためには、目標設定も大事なポイントになってきます。ほとんどのゴルファーは、身近なもの、例えばフェアウェイセンターに立っている旗などを目標にしますが、できるだけ遠くのものに合わせることをオススメします。遠くに目標を設定した方が、池や白杭など気になるハザードの情報が入ってこないからです。具体的には鉄塔や山の稜線、雲などを目標にしましょう。

目標が決まったら、それに対してフェースを合わせます。構えた時に、フェースの向きに不安を感じる人は、目標を決めたら、ボールのラインやロゴが目標を向くようにボールをセットしましょう。そうすれば、目標に対して真っ直ぐ構えることができるようになるはずです。

POINT ボールのラインを目標に向けフェースのラインを合わせる

パッティングでボールのライン（ロゴ）を打ち出したい方向に合わせるのと同じように、ティーショットでもボールのラインを合わせると、打ち出す方向が明確になる

OK ラインとフェースを垂直に合わせる

ボールのラインを目標に向けておくと、フェースの向きも合わせやすい。ツアープロにもこのようにして構えている人も

NG ボールのラインもフェースも合わせていない

ボールのラインが目標に向いていないと、フェースの向きも合わせにくい。このような構えだとボールは曲がりやすくなる

ボールを自由に置けるのは、ティーショットとパッティングの時だけ。それを利用しない手はない。ボールのラインを合わせることによって、真っ直ぐが強く意識できるはずだ

コースが広くなるところにティーを刺す

NG 左側にセットすると木がせり出てしまう

左側に木がせり出しているホールの場合、左サイドにティーアップするとコースが狭く感じる。できるだけ障害物は目に入らない位置にティーを刺すことが大事

ティーの位置を適当に決めてはいけない

皆さんはティーイングエリアの定義をご存じですか？　幅はティーマーカーの両端、奥行きはティーマーカーのコース側の先端から2クラブレングス以内と決められています。つまり、この範囲ならどこにティーを刺してもOKということです。

上級者ほど、このルールを最大限に活用しています。例えば、左側に木がせり出しているホールでは、左サイドにティーアップすると、その木が気になりますよね。そういう時はティーを右側に刺すというように。

各ホールにはそれぞれ特徴があって、立つ場所によって広く見えたり狭く見えたりします。ティーの位置は自分で決められるので、できるだけコースが広く見えるところにティーアップするようにしましょう。

OK　右側にセットすればコースを広く使える

右サイドにティーアップすればフェアウェイが広く見え、プレッシャーが掛からず思い切ってスイングできる。コースも広く使え、曲がってもミスになりにくい

ティーを刺す位置によってコースの見え方が変わってきます

平らできれいな場所にティーを刺す

NG 地面が掘れているようなところにティーを刺す

ティーマークギリギリのところはティーを刺す人が多いので、ダフリの跡などで地面が荒れていることが多い。こういう場所に刺すとミスが出やすくなる

地面が荒れていたり、掘れているところはヘッドが置きづらい。また、高さも合わせにくいので気をつけよう

打ちにくい場所から打つ必要はない

ティーを刺す時、ほとんどのゴルファーはティーマークギリギリのところに刺しますよね。その気持ちは分かります。少しでも前から打った方が、飛距離が稼げますからね。しかし、誰もが同じことを考えるので、境界線のところは荒れているケースが多いのです。そういう場所にティーを刺すと、ヘッドが置きづらくなり、フェースの向きが狂うことがあります。

そうならないように、きれいな場所を探すこと。ほとんどの場合、1歩下がれば荒れていないはず。そういうところならヘッドもセットしやすくなります。

また、ティーイングエリアは真っ平らとは限りません。できるだけ平らなところにティーを刺すのも、ティーショット成功の秘訣です。

OK 1歩下がってきれいなところから打とう

1歩下がっただけでも地面は荒れていないことが多い。1m下がったからといって飛距離は大きく変わらない。きれいなところから打つことを優先しよう

きれいな場所の方がティーの高さも一定になってミスが出にくくなりますよ
ティーマーカー
2クラブレングス

地面がきれいだとヘッドもセットしやすく、気持ちよく打てる。ティーを刺す時はきれいなところを探そう

高さの“基本”は40ミリ以上！

POINT 高めにセットした方がアッパーブローに打てる

ティーは高めに刺しておいた方が、アッパーブローに打ちやすくなるので飛距離が出やすい。また、高い方が構えた時の安心感も大きくなり、その分、気持ち良くスイングできる

ドライバーが苦手な人ほどティーが低くなる

ティーの高さについては、特に決まりはありませんが、私は高めのティーアップをオススメしています。

その理由は、ドライバーの場合、スイング軌道の最下点の先でアッパーブローに当てた方が、飛距離が伸びるから。そのためにはティーを高くしておいた方がいいと思うからです。

それに対して、ティーが低いと、上から打ち込むようなスイングになり、ボールが飛ばないだけでなく、スライスやテンプラなどのミスが出やすくなるというデメリットもあります。

私の場合は、ヘッドを地面に置いた時、ヘッドの上からボールが半分程度見える高さにセット。このボールをアッパーブローで捉えるイメージで打っています。

NG

ボールが隠れるくらい低いとプレッシャーが掛かる

ボールがヘッドで隠れるくらいティーが低いと打ち込まなければいけない気持ちになって、ヘッドが上から入ってしまう。その結果、スライスやテンプラなどのミスが出やすくなってしまう

ボールが半分くらい覗いているくらいの高さがオススメです

ティーショットはドライバーと決めつけない

POINT

ティーショットでは ドライバー以外の クラブ選択もある

ティーショットはドライバーで打つものと思っているゴルファーも多いようだが、場合によっては他のクラブで打つのもあり。3Wや5W、UTはティーアップして打つ練習もしておこう

NG

ミスショットになると 曲がり幅が大きくなる

飛距離の出るドライバーだが、ミスヒットした時の曲がりも大きい。OBエリアがある時やハザードが広がる場合は、他のクラブでティーショットを打つことも考えた方がいい

ドライバーを持った時点でミスの確率が大幅にアップ

ティーイングエリアに来たら、迷わずドライバーを持つ。そういう人も多いと思いますが、それが大きなミスを招くこともあります。

ドライバーのメリットは、何といってもクラブの中で最も飛距離が出ることですが、その反面、曲がりやすく、ボールも上がりにくいからです。

それに対しＦＷは、ドライバーほど飛距離は出ませんが、上がりやすくてつかまりやすく、ミスの危険性はそれほど大きくありません。

また、打ち上げやフォローの風が吹いている時は、ドライバーより飛ぶことも。

スコアメイクのためには、ティーショットでどのクラブを使うかということも重要なポイントになるのです。

POINT 飛べば2打目の距離が短くなる

ドライバーの最大の魅力は、何といっても飛距離。コースが広々としている場合は、ドライバーを振り回してOK。飛べばその分、2打目の距離も短くなって、パーオンの確率がアップする

ドライバーを
持ったら
余計なことは考えず
振り切りましょう

右に曲げたくない時は5WやUTで打つ

NG ドライバーで
ドローを打つのは危険

左ドッグレッグで、右サイドからドローで狙うと、左の林につかまってしまう可能性も。ドライバーで林を越すという方法もあるが、リスクが大きいのであまりオススメできない

OK 左ドッグレッグは5Wで
左端から右を向いてドローで狙う

左ドッグレッグの場合は、左サイドに立ち、右側の広いエリアを狙ってドローを打つのが安全。ボールがコントロールできる5WやUTで打てば、イメージ通りのところにボールを運べる

**左ドッグレッグは
ドライバーではなく
5WやUTで**

右ドッグレッグはドライバーでもいいが、左ドッグレッグは5WやUTで狙おう。ドローボールでコースなりに攻めていける

打ち方で曲げようとするとミスが出やすい

コースの途中から左右に曲がるドッグレッグ。ドライバーで林を越してグリーン近くまで運ぶという攻め方もありますが、基本的にはコースなりの球筋でフェアウェイにボールを置いて2打目でグリーンを狙います。

その時のクラブ選択として、右にカーブしている右ドッグレッグでは、ボールがつかまりにくいドライバーで、左にカーブしている左ドッグレッグではボールがつかまりやすい5WやUTで打つというのが基本です。5WやUTの場合は、ドローボールで攻めることができるのも大きなメリットです。

ティーアップの場所は、左ドッグレッグをドローボールで狙う場合は、左サイドに立って右サイドに打ち出すというのがオススメです。

POINT ドッグレッグ用にドローが出やすいクラブを入れておこう

5WやUTでドローを打つといったように、打ち方ではなくクラブでドロー、フェードを打ち分けられるとゴルフが楽になる

ティーショットを成功させるために フィニッシュで3秒止まる

NG いろいろ考えても全部はできない

ゴルフスイングは2〜3秒の間で行われる瞬発的な動き。だから2つや3つのことを同時に考えながら振ろうとしてもできない。考えるとかえって体が固くなり、ボールが曲がる

複数のチェックポイントを意識するのは無理

「ティーショットは飛ばしたい」というのは誰もが思うこと。しかし、飛ばそうと思えば思うほど力みが生じます。また、飛ばすために「この動きを意識しよう」とあれこれ考えるのもあまりオススメできません。スイングのことを考え過ぎると、動きがぎこちなくなるからです。

それよりもティーショットでは、フィニッシュをビシッと止めることを意識してみてください。フィニッシュでバランス良く3秒立つことができれば、理想的な力感でスイングできている証拠。それに対し、フィニッシュでグラつく場合は、どこかに余計な力が入っていることになります。

目指すは、フィニッシュで理想の形で3秒止まることです。

POINT

スイングの動きはラウンドでは考えない

いざ打つとなるといろいろなことが頭をよぎるが、その通りにはできないもの。それよりも、フィニッシュでバランス良く立つことだけを考えた方がナイスショットにつながる

フィニッシュを
しっかりとること
だけを意識します

ショットを打つ時はルーティンを決める

3 フェースをボールに合わせる

アドレスの位置に入ったら、まずは両足を揃えてフェースの向きを合わせる。もしボールのラインを目標に向けている場合は、それにフェースを合わせて、正しく目標を向くようにセットする

4 スタンスを取る

フェースを目標に合わせてから両足を開く。スタンス幅は肩幅が基準だが、それぞれのスタンス幅で。セットした後、再度目標を見て、肩や腰、スタンスのラインが飛球線に対して平行になっているかどうかを確認

7 フィニッシュ

フィニッシュでバランス良く立てればOK。結果によって一喜一憂しないことも大事。ナイスショットでも不本意なショットでも、淡々と2打目地点に向かって次の準備を始めよう

CHECK

始動する前に目標を再確認！

アドレスをセットしたあと、テークバックを始動する前にもう一度目標を確認しよう。ただし、ここでスタンスの向きや肩のラインなどを変えないように。目標への意識を高めるだけでOKだ。

ルーティンがないと再現性が著しく落ちる

ティーショットに限らずショットをする時は、いつも同じルーティンでボールを打つことが大事です。同じことをやることでリズムが生まれ、気持ち的にも落ち着くからです。

ティーショットの場合は、ティーアップするところから始まり、コース情報の収集、目標の確認、セットアップ、スイング開始からフィニッシュと流れていきますが、レベルの高い人ほど一連の動作を常に同じ動き、同じ時間でやっています。

それに対しスコアが安定しない人は、ルーティンの時間が長くなったり短くなったりします。

ルーティンは、コースに行っていきなりできるものではないので、普段の練習時から、いつも同じ動作を同じ時間でできるように練習しておきましょう。

1 目標を確認

飛球線後方からコースに正対して目標を確認。ここまでにOBやハザード、狙い所などの情報を頭に入れておく必要はあるが、できるだけ遠くに目標を見つけ、余計な情報は頭の中から消しておこう

2 イメージしながら歩き出す

鉄塔や山の稜線、雲など遠くに目標を設定したら、目標に正対してヘッドをその目標に合わせる。その後、目標に向かって打ち出す弾道をイメージしながら、ティーアップの場所にゆっくり近づく

5 アドレスから始動

テークバックではアドレスの形をキープし、両腕を伸ばしたまま体の回転でクラブを上げていく。手でひょいと上げないように注意。テークバック前半は右腕も伸ばしたままで

6 スイング

「トップはここまで上げよう」「切り返しはこう振り下ろそう」など、スイング中は余計なことを考えないことが大事。フィニッシュでバランス良く立つことだけを考えてスイングする

左腕はピンと伸ばしな
がら上げる
3

右の肩甲骨が見える
くらい体を回す
4

左右の手が入れ替わ
り腕がクロス
7

最後に頭、腰、左足
が一直線になる
8

ドライバーのティーショットのお手本・正面

ボールの位置を左足
内側にセット
1

体幹を使って体の回
転で上げていく
2

ダウンスイングは下半
身から切り返す
5

ヘッドと首が引っ張り
合って腕が伸びる
6

右ヒジが下を向いた形になる

トップはボールからできるだけ遠い位置に

捻転差が解かれ肩と腰が同じ向きに

最後にシャフトが首に巻き付く

ドライバーのティーショットのお手本・後方

背中が真っ直ぐな形
で姿勢良く構える
1

足首、ヒザ、腰を回転
しながら上げる
2

上半身の向きを保っ
て捻転差を最大に
5

ハンマー投げのように
遠心力がMAXに
6

バックスイングで勢いよくクラブを上げる

POINT ヘッドスピードを上げるには!?

ヘッドスピードアップのカギを握るのはバックスイング。バックスイングを速めれば、ダウンスイングからインパクトでスピード感のあるスイングが生まれる

バックスイングを
勢いよく上げれば
ヘッドスピードが
約2m/s上がります

ゆっくり上げた時点でヘッドは加速しない

長めのパー4やパー5のホールでは、ついつい飛ばそうとして力んでしまうというのはよくある話。また、ヘッドスピードを頑張って上げようと、ダウンスイングで思い切り力を入れる人もいますが、これも力むだけで飛距離にはつながりません。

基本的にコースでは飛ばそうとしない方がいいのですが、「どうしても」という時に、「これだけはやってもいい」という方法を教えましょう。

それは、バックスイングを勢いよく上げることです。スイングの基本通り、両手を伸ばしたままクラブを後方に放り出すように勢いよく上げる。そうすれば、戻るスピードも速くなり、ヘッドスピードが秒速2mほど上がります。「ここぞ」という時には一度試してみてください。

OK バックスイングに勢いをつける

両手を伸ばしたまま、クラブを飛球線後方に放り出すようなイメージで勢いよく上げる。そうすることでダウンスイング〜インパクトでのヘッドスピードもアップする

NG 手上げでは当たらなくなる

バックスイングを手で上げてしまうと、軌道がズレてしまう。たとえヘッドスピードが上がっても、ボールをフェースの芯にきちんと当てないと飛距離は伸びない

スタートホールは7割で振る

OK 力まずに大きくスイングする

スタートホールは、「飛ばしたい」気持ちを抑えて、大きくゆったりなスイングを心掛ける。ここでもフィニッシュを意識すると大振りにならず、バランスのいいスイングになる

NG マン振りをすると制御がきかなくなる

「飛ばそう」という気持ちが強いと振りが大きくなり、体をコントロールできなくなる。このようなスイングをしても、飛距離が伸びることはなく、かえってミスになりやすい

スタートホールで緊張しない人はいない

スタートホールのティーショット。実はここで失敗しても、18分の1なので、それほどガッカリする必要はないのですが、「できれば気持ち良くスタートしたい」し、コンペなどでは多くの人が見ているので、なんとか成功させたいですよね。

まず大きな失敗をしたくないと思ったら、目一杯のマン振りはしないようにしましょう。マン振りをしたとしても、驚くほど飛ぶことはないということは経験上知っているはず。それよりも、7割程度のコンパクトなスイングで、バランスのいいスイングをすることが大事です。

そうすれば大ケガになることはなく、その後大叩きすることもなくなります。車同様、急発進は危険。スムーズなスタートを心掛けましょう。

POINT 7割くらいの力で振れば大ケガは防げる

スタートホールは体が温まっていないことも多いので、大きな動きは禁物。7割くらいのイメージでスイングすれば、ボールは曲がらないし、芯に当たれば強く振った時より飛距離が出ることも

フィニッシュを意識した7割スイングで振っていきましょう

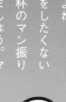

FWやUTで低い球を打つ

高い球は飛距離も出るが曲がりも大きい

　コースに沿って池が広がっていたり、フェアウェイが極端に狭いホールも、ドライバーを振り回すのには勇気がいります。まるで運試しをするかのように、ドライバーを手にする人がいますが、プロや上級者はそういうことはしません。プレッシャーが掛かるホールでは、FWやUTで低い球を打つというのが賢いゴルファーの選択です。

　低い球を打つのは難しいと思っている人も多いでしょうが、ボールを少し右足寄りに置くだけで、弾道は低くなります。

　低い球を打つことができればアゲインストの強い日や打ち下ろし、また目の前に木がある時なども武器になります。

　100切りを狙う人でも必要なテクニックなので、ぜひ練習しておきましょう。

POINT

ハザードがある狭いコースでは方向性を重視する

コースが狭いホールは、方向性重視で攻めるというのが鉄則。特に、どちらかのサイドに池があったり、OBゾーンがあるホールでは無理をしないように

狭いホールで
大叩きが見えたら
割り切って
方向性重視のゴルフに
切り替えましょう

POINT ボールを右寄りに置くと低い球になる

曲げたくない時は低い弾道で攻めるのが基本。ドライバーではなくFWやUTを持ち、ボールを少し右寄りに置いて打てば、低い弾道で曲がり幅も抑えられる

POINT 7〜8割の振り幅でしっかり振り抜く

スイングはコンパクトにするが、インパクトで緩まないようにすることも大事。スイング幅は7〜8割にして、その幅でしっかり振り抜くようにしよう

ショートホールの狙い

ボギー以内で上がるために逆算する

100切りを目指すなら基本的にピンは狙わない

ショートホールにやって来た時、ほとんどのゴルファーはピンに向かって打つことしか考えていないのではないでしょうか。しかし、考えてみてください。平均スコア90のゴルファーでも、ボギーペース。ということは、2オン2パットでボギーで上がることができれば十分ということです。

もちろん、ピンを狙うのは自由で、自信があればピンを狙ってもいいのですが、グリーンを外した時のことを考えてティーショットを打った方がいいでしょう。

例えば、「バンカー方向を避ける」「ショートサイド（ピンからエッジまでの距離が短い方）には打たない」といったように。それだけでもボギー以内の確率は格段に上がるはずです。

POINT 2打目を考えてどこを狙うかを決める

ティーイングエリアに立ったら、ハザードやピンの位置を確認して安全なエリアを探す。ピンを狙うと危険な場合は、安全な方向に打つようにした方が、ダボ以上の危険性は減る

安全なエリアを見つけてそこに打つ。それがショートホールの攻略法です

2センチ前後ティーアップしてコンパクトにスイングする

POINT

最悪届かなくてもOKな番手を選ぶ

ショートホールでグリーンの奥にこぼすと大叩きにつながるケースが多い。もしクラブ選びで迷ったら、届かなくてもいいから短めの番手を選択しよう。アプローチ勝負に切り替えてパーを狙おう

低いティーアップがダフリの原因に

ドライバーで「ティーアップは高くしましょう」というお話をしましたが、アイアンの場合も同じです。ティーが低いと「きれいに入れなければ」というプレッシャーが掛かってミスが出やすくなります。

ティーの高さは地面から1～2センチが理想。ただし高くなった分、球がつかまって飛距離が伸びるので、スイングは少しコンパクトにしましょう。ティーアップしたボールを打つ練習をすることも大事です。

それとショートホールで番手選びに迷ったら、ロフトが大きい（短い）番手を選びましょう。その理由は、グリーン奥より手前の方が安全なエリアが広がっている場合が多いから。オーバーよりも手前が正解です。

POINT

アイアンショットでもティーを高くする

地面に置いてあるボールよりもティーアップされた方が、断然やさしくなる。ダフるミスを徹底して防ぐことが、パー3では最も安全な狙い方だ

1～2センチ
浮かせるのが
オススメです

地面に近いと
その分、
難しくなります

POINT

浮いているボールを横から払い打つ

打ち込み過ぎると芯を外してしまう。また、すくい上げると飛ばなくなってしまう。ティーアップしたボールを横から払い打つ練習を普段からしておこう

3 感覚的にはトップをここまで上げる

4 惰性で手の位置が11時まで上がる

7 首の付け根（支点）と手が引っ張り合う

8 胸を張って大きなフィニッシュを取る

アイアンのティーショットのお手本・正面

左右均等に体重を掛けバランス良く立つ
1

両腕の三角形をここまでキープする
2

左足に体重移動をしながら回転する
5

インパクトで急に手に力を入れない
6

左手の甲と腕が真っ
直ぐになる
3

下半身が先行して捻
転差が強くなる
4

7

右足の裏全体が見え
ているのが正解
8

アイアンのティーショットのお手本・後方

アゴを引いて頭が下
がらないように
1

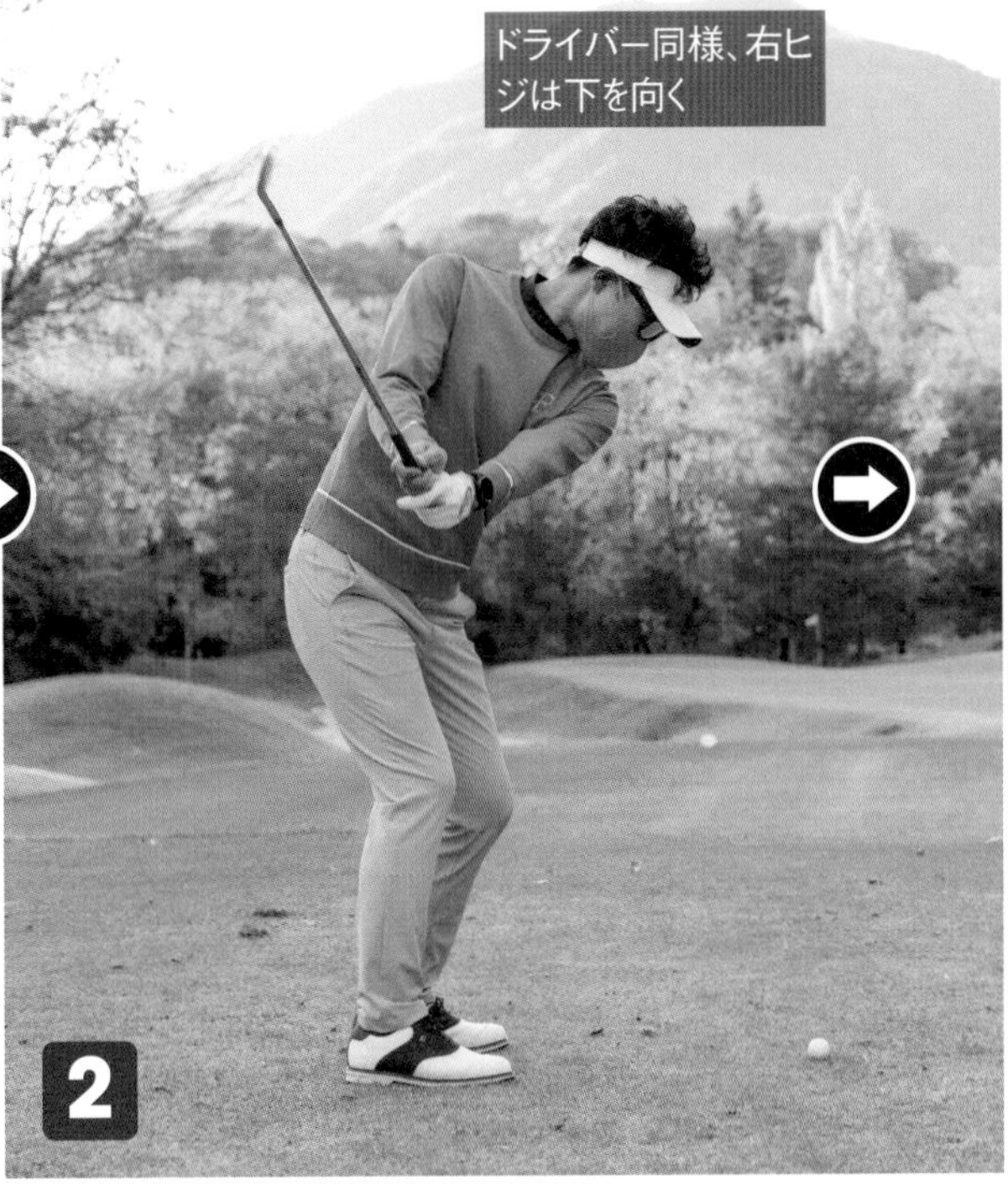
ドライバー同様、右ヒ
ジは下を向く
2

肩には力が入ってい
ない
5

フォローで左ヒジが引
けないように
6

スコアが変わる！

メンタルのホント

ポジティブ思考は アナタのスコアを確実に変える

GOOD

どんなミスをしても前向きに捉え 次にどうすればいいかを考える

2打目を
フェアウェイに
出して、
3打目で
狙えばOK

たとえ林の中にボールを入れても「思い切って打った結果だから仕方がない」と考えるなど、前向きに捉える。ミスが出ても次のショットに集中し、最善策を考えよう。常に前向きに物事を捉えていると、プレーも安定する。

ミスを悔やんでも何1ついいことはない

「何事もポジティブに考えるといいことが起こりやすい」といわれますが、これは本当です。特にメンタルスポーツといわれるゴルフでは、ポジティブに捉えるか、ネガティブに捉えるかでスコアが大きく変わります。

例えばティーショットが林の中に入った時に、「起こったことは仕方がない。2打目で出して、3打目で頑張ろう」と考えて次のプレーに向かうのと、「ああ林だ。出すしかないか。それにしても何で曲がったんだ」と、ミスを引きずりながら次のプレーを行うのとでは、そのホールのスコアが1つ2つ変わってきます。それが積み重なれば……。

ダマされたと思って、今度のラウンドは〝超〟ポジティブ思考でプレーをしてみてください。明らかにスコアが変わりますよ。

BAD

ミスしたことを大いに嘆き イライラを募らせて周囲にも当たり散らす

あちゃ〜林だ もうダメだ 何であっちに 打ったんだ
まあまあ そんなに カリカリ しなくても
・・・
イライラ……

OBや池があれば文句を言い、アゲインストの風が吹いているだけでもイライラ。自分がミスをしようものなら大いにわめき散らす。こういうプレーヤーは負の連鎖が起こりやすいし、同伴プレーヤーにも不快感を与えてしまう。

Column

70台と90台ゴルファーの違いは持ち球を持っているか、いないか

上級者とアベレージゴルファー。スコアでいえば70台と90台。この両者の違いがどこにあるか分かりますか？

「スイングがきれい」「飛距離が出る」など、いろいろありますが、私が感じる一番の違いは、持ち球があるかないかです。70台のゴルファーは共通して持ち球があるのに対し、90台のゴルファーは、持ち球がない。ほとんどのゴルファーが、真っ直ぐ打つことに必死で、それが結果的にスコアを崩す原因になっているような気がします。

ではなぜ、持ち球が必要なのか。最大の理由は、コースが広く使えるからです。コースが広く使えるということは、マネジメントもしやすくなるということ。例えば持ち球がドローボールなら、ティーショットでも右サイドを狙っていけばフェアウェイが広く使えるし、グリーンを狙うショットでもグリーンの右端にさえ打っておけば、オンする確率が高くなります。ドローでもフェードでもいいので、次の練習では真っ直ぐを目指すのではなく、球筋をコントロールしてみてはいかがですか？　ゴルフが楽になりますよ。

第二章

スコアを作るセカンドショット

ラフに傾斜にフェアウェイバンカー……。コースに立つと、
練習場では経験することができない、様々なシチュエーションに遭遇します。
まずはボールのライが、どういう状況になっているかを的確に判断すること。
そして、そこでの打ち方を正しく遂行することが、スコアアップの秘訣です。

得意クラブの距離を残す

POINT

得意クラブの距離が打てる地点にボールを運ぶ

グリーンまでの距離がある時、少しでも近づけておきたいと思う人が多いが、「得意なクラブの距離を残す」というのが賢い選択。そうすればセカンドショットのミスが減り、大叩きもなくなる

残り100ヤード地点

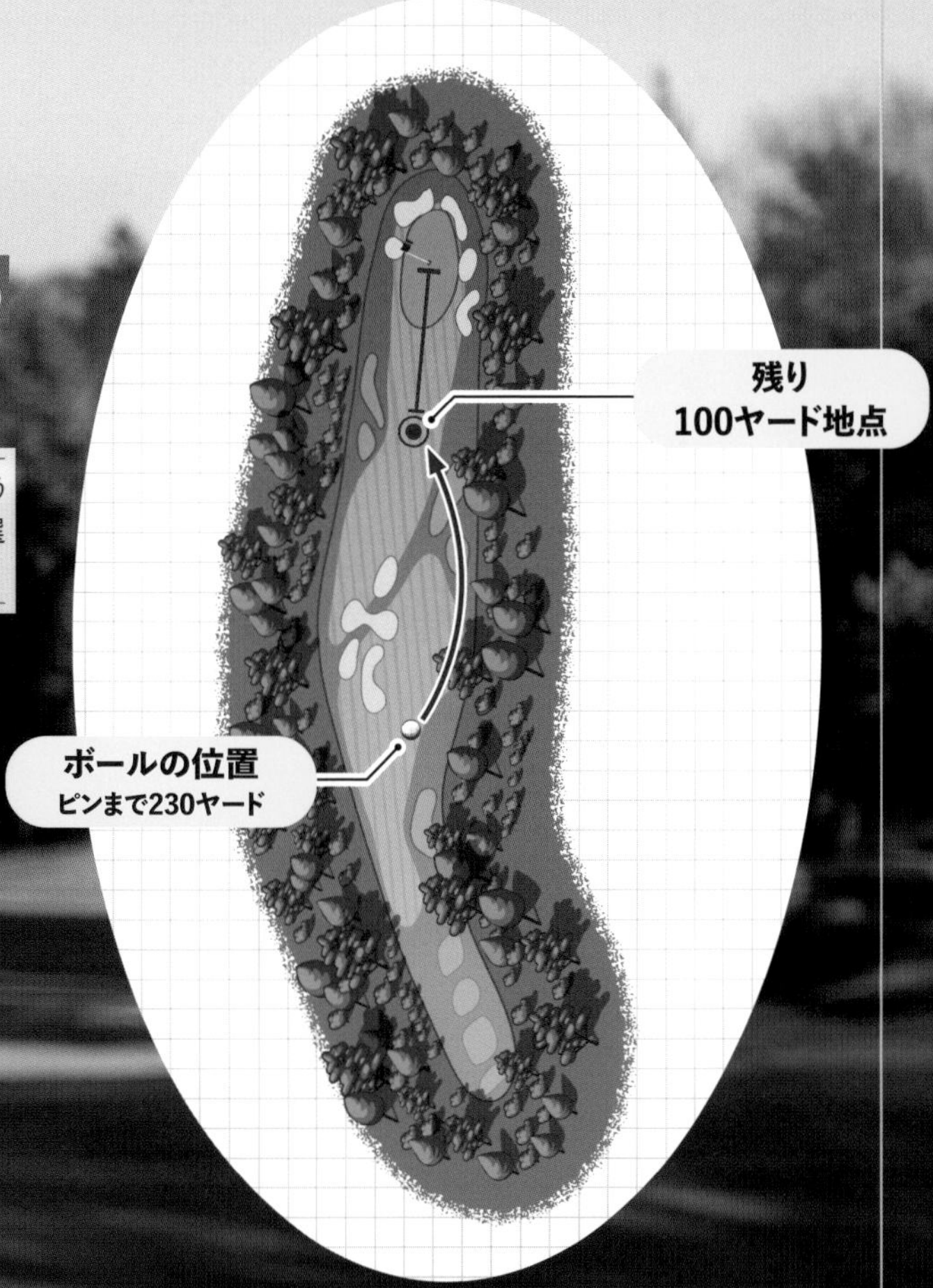
残り
100ヤード地点
ボールの位置
ピンまで230ヤード

「とりあえず近くに」ではスコアはまとまらない

距離が長いホールだと、パーオンを諦めなければいけないことがあります。そういう時、ほとんどのゴルファーは、「できるだけ長いクラブで、とりあえず近くまで運んでおこう」と考えるのではないでしょうか。しかし、このやり方は、賢い選択とはいえません。賢い選択とは、自分の得意なクラブの距離を残すことです。例えば、ピンまでが２３０ヤードで、得意クラブの飛距離が１００ヤードなら、１３０ヤードを打って１００ヤードを残すというように。

　そういう選択をするためにも、得意な番手&得意な距離を作っておくことが大事になります。オススメは、フルショットで１００ヤードが打てるクラブ。ぜひ見つけてみてください。

私はフルショットで
100ヤードが打てる
54度の距離を
残すようにしています
DESCENTE

距離をピッタリ合わせることを諦める

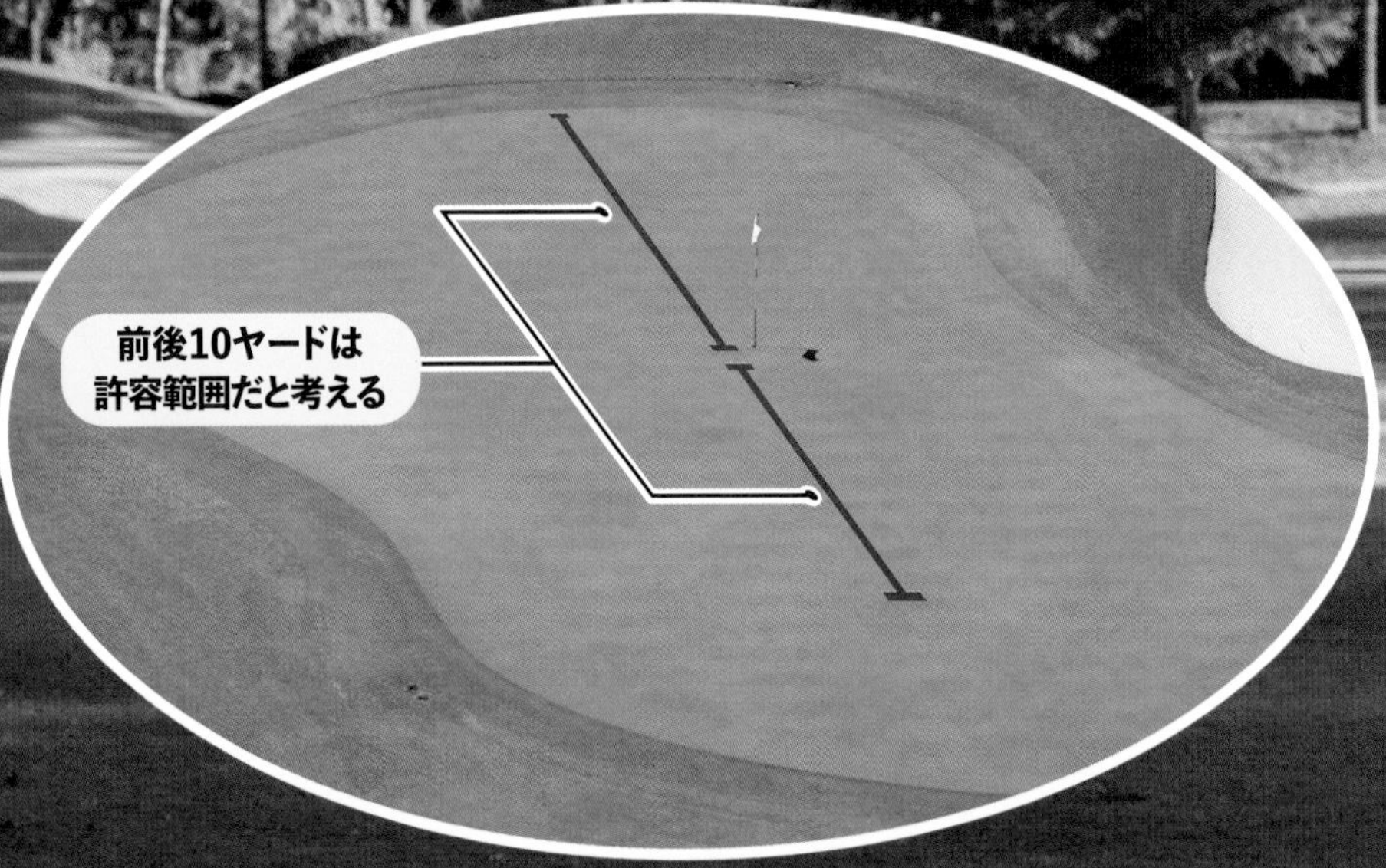

距離の調整をしながら打つのは難しい

グリーンまで届きそうな距離の時、クラブ選択に悩むもの。特に、〝ピトウィーン〟の距離（番手と番手の間の距離）だと、「大きめのクラブでコンパクトに打つべきか」「小さめのクラブで強めに打つべきか」で迷う人も多いのではないでしょうか。

結論から言えば、微妙な打ち分けはあまりしない方がいいでしょう。というのも、多くの人は普段の練習で、「5～10ヤード距離を調整する練習」はしていないと思うからです。

そもそも左右の誤差を考えると、10ヤード前後のタテ距離の誤差は、それほど影響はないはず。それよりも手にしたクラブでナイスショットを打つ方が大事です。ピタッと合わせたい気持ちは分かりますが、それほど神経質になる必要はないのです。

POINT

左右同様、前後もブレるものだと考えよう

左右のブレはあまり気にしないのにタテ距離はピッタリ合わせようとするのがアベレージゴルファーの悪いクセ。どの番手で打つかを決めたらスイングでの調整はしないように

DESCENTE

大き過ぎても
短過ぎても
あまり気にしない
ようにしましょう

左手で右にいる人に
握手する感じで
3

コックの角度
は90度が目
安
4

フェースが正しく返りト
ゥが上を向く
7

左足を伸ばし切り左
足に体重が乗る
8

フェアウェイからのショットのお手本・正面

1
拇指球を中心に足の裏全体で立つ

2
背骨を軸に回転して上げていく

5
クラブは勝手に下りてくるイメージ

6
インパクト直前までコックをキープ

フェースを開いて構えて振り切る

ラフはクラブの根元に絡まる

　ラフにつかまった時、それほどガッカリしない人も多いように思います。しかし、そういう人ほど、ラフからラフを渡り歩いたり、逆サイドのラフに打ち込んだりするもの。芝質にもよりますが、ラフハザードの１つとして対処しましょう。

　ラフに入ってまず確認したいのが、ボールが沈んでいるか、それとも浮いているか。それによって打ち方が変わってきます。

　ボールが沈んでいる場合は、インパクトの時、ヘッドがラフに引っかかってフェースがかぶるので、フェースを開いて構えるというのが基本です。また、開き具合は素振りでチェック。長さや芝質、水分量によって絡まり方が違うので、必ず素振りで確認して、開き具合を決めましょう。

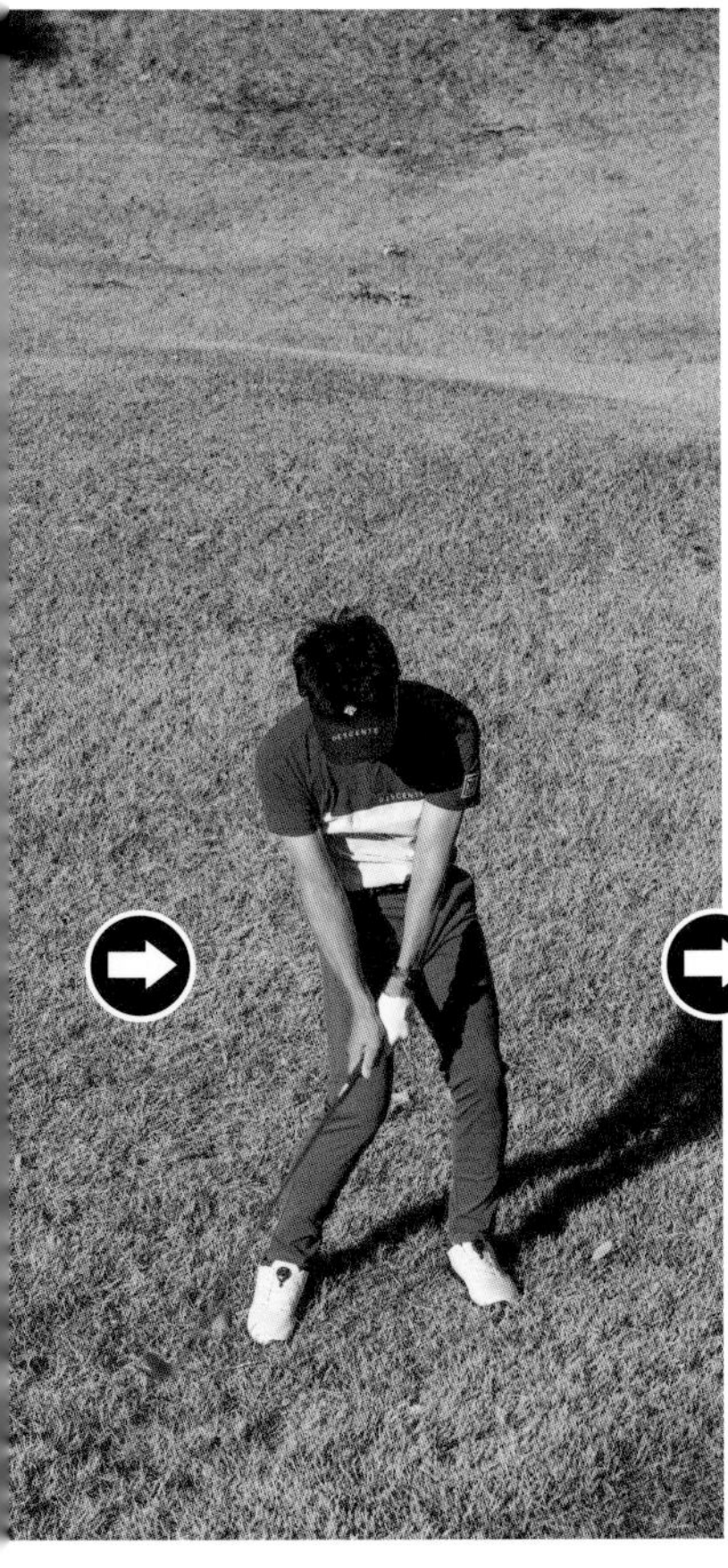

沈んでいても
フェースを開けば
引っかかることなく
飛んでくれます

POINT かぶりを抑えるため フェースを開く

ラフに入ったらまずは沈み具合を確認。すっぽり埋まっていたら、インパクトでのフェースのかぶりを抑えるためにフェースを開いて構えるようにしよう

POINT 大振りをせず 確実にミートを心掛ける

フェースを開く以外は、グリップや構えなど通常通りの形でOK。ただし、大振りは禁物。肩から肩のスイングで確実にボールにコンタクトして脱出を目指そう

ボールが浮いているラフ

打ち込みは厳禁！横から払い打つ

油断すると大失敗につながる

ラフでもボールが浮いていたら、「ラッキー」と思う人も多いのではないでしょうか。確かに、ティーアップをしたような形になっていて、打ちやすそうに感じるものです。

しかし、だからといって安心はできません。というのも、ヘッドがボールの下を潜ってしまう、いわゆる〝だるま落とし〟になる危険性があるからです。

だるま落としになったら最悪です。ボールが飛ばないどころか、下手をすると目の前にポトリ。空振りと大差ありません。

そうならないためにも、クラブを短めに持ち、ボールだけを捉えるようなイメージでスイングしましょう。

また、ボールが浮いている場合も大振りは禁物。コンパクトなスイングを心掛けましょう。

浮いている時は
ティーアップした
ボールを
打つイメージで

POINT ヘッドがボールの下を潜らないように

ボールが浮いているとヘッドがボールの下を潜りやすくなる。そうならないように、浮いているボールにコンタクトするつもりでスイングしよう

NG
普通に構えるとヘッドが潜ってしまう……

OK

POINT クラブを短く持ち払い打とう

ボールが浮いている分、クラブを短めに持つのが鉄則。また、払い打つようなイメージで振った方がいい。なお、ヘッドスピードが速い人は、飛び過ぎ(フライヤー)に注意

芝が薄い時

「トップでもOK」のつもりで打つ

POINT

ボールを右足寄りにセットする

ボールは真ん中より少し右足寄りにセットするのがコツ。こうすることによって、ボールにコンタクトしやすくなる。当たりはトップ目でOK

ボールを上げに行くのは厳禁

ゴルフ場には芝が薄い所も。特に冬場になると、フェアウェイでも薄くなっているところがあります。そういう場所からは、ふさふさのフェアウェイのように打つわけにはいかないし、ダフリも避けたいところです。

そういう場合は、クラブを短めに持ち、ボールを少し右足寄りに置き、体重はやや左足寄りにして、ハンドアップ気味に構えます。

そして、ボールをきれいに拾おうとせず、「ボールの上目に当たってもいい」つもりでスイングしましょう。そうすればダフリも避けられるし、大きなケガをすることもありません。

間違っても、「高く上げてスピンを掛けて、ピンそばにピタッと止める」などということは考えないようにしましょう。

少しトップ目に
なっても
いいつもりで
打ちましょう
DESCENTE

POINT

少しだけ左足体重にする

すくい打ちにならないように、やや左足体重にしておくのも薄芝でのポイント。グリーンまで近い場合でも高く上げようとしないことが大事

POINT

グリップは短く持つ

クラブを短く持つことも重要なポイント。そうすれば、ダフることなくトップ目に当たる。スイングも大振りは避け、コンパクトに

左6：右4の配分をキープして打つ

体重移動をしないで打つのがナイスショットのコツですよ
DESCENTE
DESCENTE
DESCENTE
4
6

POINT

6：4の体重配分でアドレスする

体重は6対4で、上がっている方の左足体重に。ボールは真ん中に置き、体重移動をしないでスイング。いつもより球が高く上がることも頭に入れておこう

傾斜なりに打つとボールが上がり過ぎて飛ばない

練習場ではナイスショットが出るのに、コースに行くとミスをする。その原因の1つに、コースは真っ平らではないことが挙げられます。傾斜での打ち方を覚えておけば、ミスは避けられるし、ナイスショットが出るようになります。

まず左足上がりですが、左6対右4の配分で構えます。ボールの位置は真ん中でOK。ここから体重移動をしないで打ちましょう。体重を移動し過ぎて、フィニッシュで後方によろけるようなことがないように。

また、バックスイングで体が回りやすく、フォローで回りにくく詰まるような感じになるのも左足上がりの特徴。そうならないように、少し左足を後ろに引いて、オープンに構えておくことをオススメします。

NG フィニッシュで後ろに倒れないように注意

右サイドが下がっている分、フィニッシュで後ろに倒れそうになるが、このような形にならないようにすること。体重移動を抑え、バランスを崩さないことを心掛ける

OK 体重移動をしなければフィニッシュが崩れない

バックスイングでもフォロースルーでも6対4をキープ。自然とコンパクトなスイングになるが、傾斜ではそれが大事。正しいスイングをしていれば、フィニッシュもビシッと決まる

POINT オープンに構えるとフォローで詰まらない

右に回りやすく、左に回りにくいのが左足上がりの特徴。フォローが詰まるとプッシュしたり、引っかけが出るので、左足を引いてオープンに構えておくといい

トップでも左6の配分
をキープ

トップは7〜8
割前後の大
きさで

体を止めないように回
転し続ける

左足でフィニッシュを
取る

左足上がりからのショットのお手本・正面

1

左6対右4の配分で構える

2

テークバックで右に流れない

5

ダウンでは踏み込み過ぎない

6

斜面に対して打ち込んでいく

軸を左に傾けて立ち 斜面に沿って振り子で振る

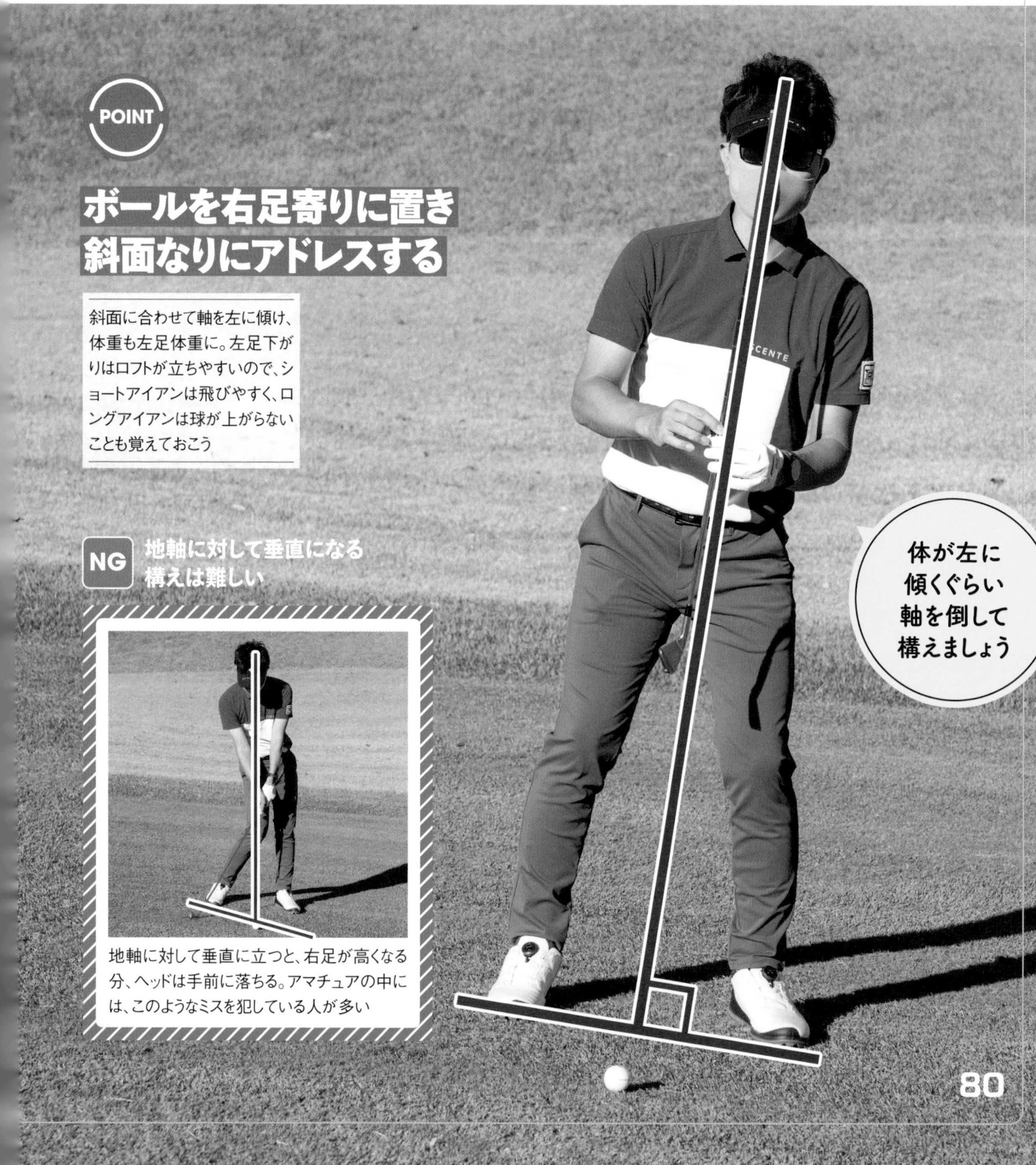

POINT

ボールを右足寄りに置き 斜面なりにアドレスする

斜面に合わせて軸を左に傾け、体重も左足体重に。左足下がりはロフトが立ちやすいので、ショートアイアンは飛びやすく、ロングアイアンは球が上がらないことも覚えておこう

体が左に傾くぐらい軸を倒して構えましょう

NG 地軸に対して垂直になる構えは難しい

地軸に対して垂直に立つと、右足が高くなる分、ヘッドは手前に落ちる。アマチュアの中には、このようなミスを犯している人が多い

いつも通りに打つと確実にダフる

左足下がりの傾斜は右サイドが高い分、普通に打つとボールの手前を叩いてしまう、つまりダフりやすくなります。だから、いかにダフらずに打てるかがポイントになります。

そのためにボールを真ん中より少し右足寄りに置き、体の軸を斜面に合わせて左に傾けて立ちます。そしてこのアドレスから、斜面に沿った振り子の軌道でクラブを振ります。そうすると、ヘッドが手前に当たりにくくなるのでダフリも出にくくなります。

また、左足上がりとは異なり、バックスイングが浅くなり、シャンクしやすくなります。それを避けるためにも、意識的におへそをしっかり回すか、右足を少し引いてクローズスタンスで構えるといいでしょう。

POINT 体を左に傾ければ斜面に沿った振り子に

斜面に対して軸を傾ければ、振り子も地面に沿った形になり、ボールの手前を叩くことはなくなる。左足下がりは、"ダフらない"ことを最優先に考えよう

POINT 右足を後ろに引くと上体が回りやすい

左足下がりは右に回りにくく、トップが浅くなってシャンクしやすい。それを防ぐために、右足を引いて右に回りやすくしておくといい

POINT ダフらないようグリップは短く持つ

あらかじめクラブも短く持っておけば万全。絶対にダフらない準備をしておけば、左足下がりでも安心して打てる

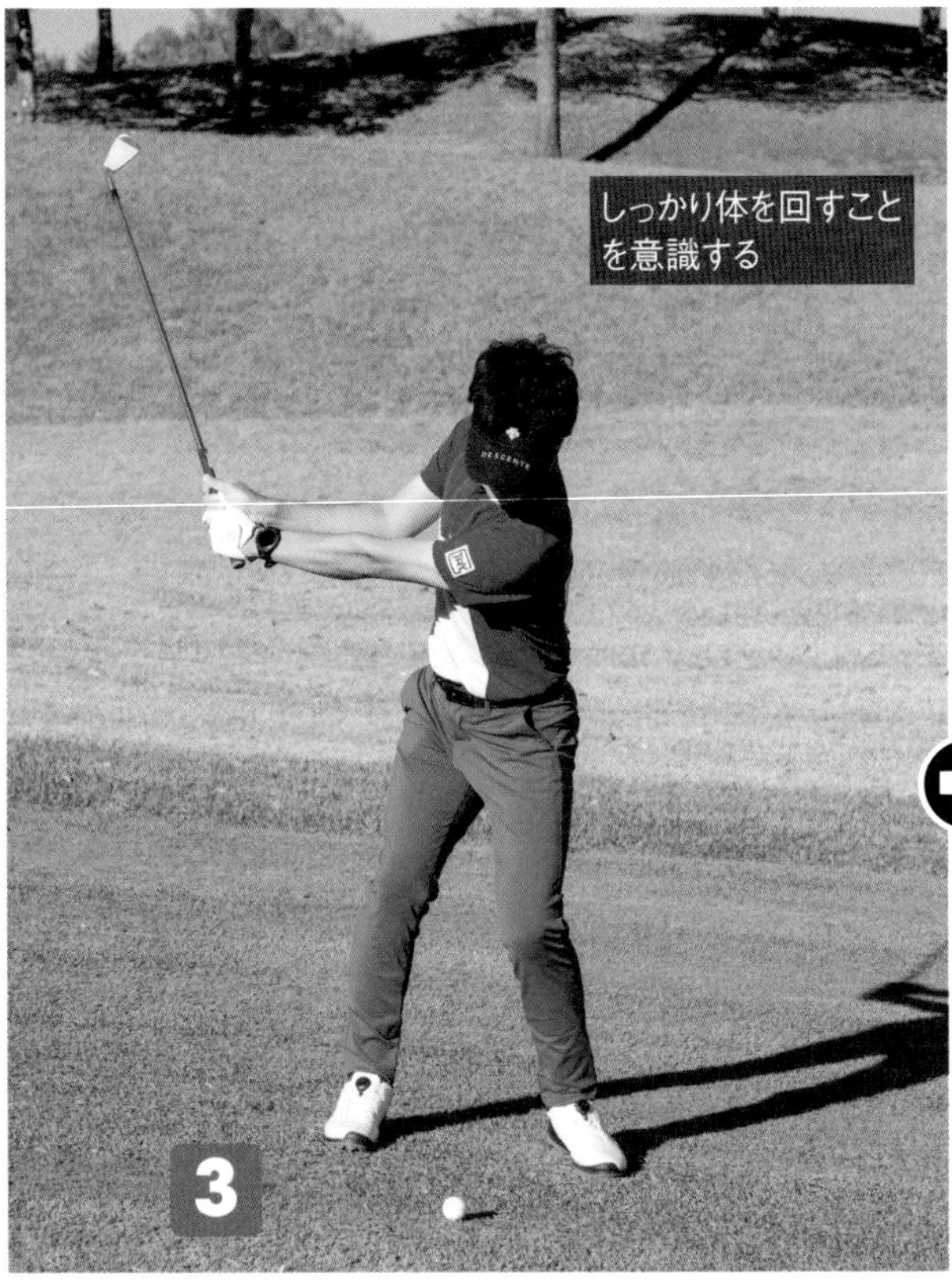
しっかり体を回すことを意識する
3

軸キープでトップもコンパクトに
4

目線も上げずに低い位置をキープ
7

フィニッシュはバランス良く立つ
8

左足下がりからのショットのお手本・正面

1

斜面なりに軸を左に傾けて構える

2

軸をキープしたままテークバック

5

通常より上から振り下ろす感じで

6

クラブを低く振り抜いていく

短く持って前傾を浅くし ドロー回転を計算して打つ

POINT

左に飛びやすいので 右を狙って構える

つま先上がりはドロー回転が掛かって左に曲がりやすい。だから目標を右に置いて、右に打ち出すように。グリーンを狙う場合は、右からドロー回転でグリーンに乗せるというイメージで攻めるといい

グリーンの
右サイドを狙えば
ドローが掛かって
自然に乗りますよ

振り切るスイングだと左へ大きく曲がる

つま先上がりでは、体とボールとの距離が近くなります。だから構えでは、クラブを短く持つことと、前傾姿勢を浅めにすることが大事になってきます。体重は当然、つま先寄りに掛かるので、それをキープ。スイング中、かかと体重になるとバランスが崩れてしまうので注意しましょう。

　また、球がつかまりやすく、ドロー回転が掛かって左に曲がりやすいのも特徴です。だから、少し右を狙うというのも大事なポイントです。グリーンを狙う場合は、グリーンの右端辺りを目標にするといいでしょう。

　さらに付けくわえると、振り切るほど左に曲がりやすくなります。なので、打って終わりぐらいのイメージでスイングするようにしましょう。

POINT 体重をつま先寄りにして前傾姿勢を浅めにする

体とボールの距離が近くなる分、クラブを短めに持って、前傾もいつもより浅めにして構える。体重は、傾斜なりにつま先体重にして、スイング中はつま先体重をキープする

ダフらないようにグリップは短く持つ

NG かかと体重にするとバランスが取れない

つま先上がりでスイング中、かかと体重になるとバランスが崩れ、立っていること自体が難しくなる。体がグラつかないようにつま先体重を保とう

手で上げないで体をしっかり回す

トップは体のバランスを重視する

できるだけフェースは返さない

最後まで振り切らずに止める

つま先上がりからのショットのお手本・後方

前傾は浅めでつま先
体重に
1

体がボールに近づか
ないように
2

ダウンでもボールに近
づかない
5

体が伸び上がらない
ように注意
6

下半身を安定させて 上半身の回転だけで打つ

POINT

ワイドスタンスで バランスをしっかり取る

両ヒザを深く曲げて両足を広げ、どっしり構えて下半身を安定させる。スイング中、下半身がグラつくようだと、つま先下がりのショットは成功しない

どっしりと
構えられるか
どうかが
最大のポイントです

距離を稼ごうとするのは大叩きの元

傾斜というのは大きく分けて4パターンありますが、その中で最も難しいのがこのつま先下がり。傾斜の角度にもよりますが、つま先下がりではあまり無理をしないようにしましょう。

ポイントは、傾斜に合わせてクラブを長めに持ち、ヒザを深く曲げてスタンスを広めにすること。お尻を後方に突き出すようにしてバランスを取るようにしましょう。体重は当然、かかと体重になりますが、その状態をキープしてヒザの高さを変えずに打つことが大事です。

また、ダウンスイングで体が浮き上がらないように、上半身の回転で打つのもポイントの1つ。傾斜がきつい場合は、とにかくコンパクトに。場合によっては、ハーフショットぐらいの意識で打つようにしましょう。

POINT ヒザを曲げかかと体重にしてアドレスする

ヒザを曲げると同時に、お尻を突き出すようにするとバランスが取りやすくなる。スイング中は、両ヒザの高さをキープ。クラブを長く持って、上半身の回転だけで打つようにする

トップしないようグリップは長く持つ
これくらいの傾斜の場合は9番アイアン以下で出すだけです

NG ヒザを伸ばすと前のめりになる

両ヒザが伸びたままだと、構えた時からかかと体重にならない。スイング中も、ヒザが伸びないように意識してクラブを振っていくことが大事だ

かかと体重を保ちなが
ら振り上げる
3

トップでも上体の前傾
をキープ
4

打ち終わったあとも起
き上がらない
7

ヒザを曲げたままフィ
ニッシュ
8

つま先下がりからのショットのお手本・後方

ヒザと腰の角度を作り
かかと体重に
1

手で上げず体幹をし
っかり回す
2

ダウンでもヒザ、腰の
角度が同じ
5

芯に当てることだけを
考える
6

保険を掛けて番手を選ぶ

〝アゴに当たって出ない〟は最悪のパターン

フェアウェイバンカーから大叩きした経験はありませんか？　フェアウェイバンカーはプロでもつかまりますが、大叩きにならないようなマネジメントをしています。

　ポイントは2つあります。1つ目は番手選びで、残りの距離に関係なく、まず「アゴを越えるかどうか」で選びます。さらに「このクラブで越えそう」と思ったら保険を掛けて1つか2つロフト角が大きい番手で打つようにしましょう。2つ目は、クラブを短く持つこと。フェアウェイバンカーはダフらずにボールだけを打つシチュエーション。短く持ってヘッドを浮かして構えるようにしましょう。打ち方に関しては、大振りをしないようにするだけで、いつもと同じで構いません。

いつもと同じ
打ち方でいい！
きれいに当てよう
として体が
止まらないように

POINT バンカーのアゴを越える番手を選ぶ

フェアウェイバンカーでは、まずアゴを越える番手を選ぶこと。ただし、保険を掛けて1つ上の番手を選ぶように。「8番アイアンで越えそう」と思ったら、9番で打つようにしよう

ロフト角が大きい番手を選ぶ。グリーンに届かせることより脱出を優先

POINT ダフらないようグリップを短く持って打つ

フェアウェイバンカーでは、アゴを越すためにすくい打ちしたくなるが、ダフリだけは絶対避けたい。ダフらないためにクラブは短めに持ち、構えた時にヘッドが浮くようにする。あとはクラブを信じて、いつも通りのスイングをすればOK

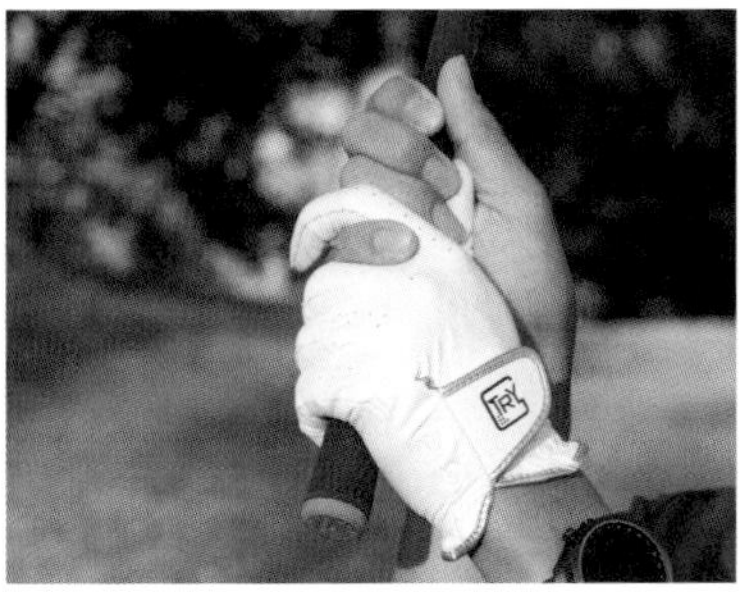

ティーアップしたボールをクリーンに捉える

フェアウェイバンカーの時と同じように、クラブを短く持って練習。こうやってグリップすれば、スイングも自然とコンパクトになってミート率が上がる

ティーを
バチンと打つのは
ダメですよ
DESCENTE

ティーを打つのはダフっている証拠

打ち放しの練習場でバンカー練習場を設置しているところはありますが、フェアウェイバンカーの練習場はほぼ皆無。また、コースの練習場でも、フェアウェイバンカーの練習ができるところはほとんどありません。

そこでオススメしたいのは、フェアウェイバンカーにつかまった時のために、ボールだけを打つ練習をしておくことです。

マットの上にボールを置いて、ボールだけを打つ練習をするのもいいのですが、ティーアップしたボールを打つ練習が効果的。フェアウェイバンカーの時と同様にクラブを短く持って、ヘッドを浮かせて構え、ボールだけをクリーンに捉えましょう。

慣れてきたら、地面にボールを置き、ヘッドを浮かせて構えて打つ練習もしておきましょう。

POINT ヘッドの上下のブレを整えられダフり防止になる

クラブを短く持ち、浮いたボールにヘッドをセットしてショット練習。ティーアップしたボールだと、クリーンにヒットできたかどうかがよく分かる

ヘッドを浮かせて構える
ダフり防止には最適な練習法です

木が目の前にある状況

3球打って1回でも失敗しそうな狙いは“ギャンブル”

技量も考えて
安全な方に
打ち出す選択を
しましょう

POINT 状況を見て無理をしない判断をする

目の前に障害物がある場合は、無理にグリーンを狙うのではなく、どこなら打ち出せるかを考える。それが大叩きを防ぐことにつながる

技術がないわりに狙い木に当てる人が多過ぎる

林間コースが多い日本では、林に打ち込んだり、フェアウェイにせり出した木（たまにフェアウェイの真ん中に木が立っていることもありますが）の後方にボールが止まったりして、グリーン方向に向かってショットが打てないことがあります。

そういう状況になった場合は、「どこになら打てるか」「どこに打ったら次のショットが楽になるか」を考えてください。

もちろん、ボールを曲げる自信があったり、木や枝を越すだけの技術があるなら狙うのはありです。ただし、それをするのは3球打ってすべて成功する自信がある場合だけ。1回でも失敗するかもしれないと思ったら違う方法を考えるべきです。1打プラスを受け入れることも重要なマネジメントなのです。

POINT コースの先を見て狙う場所を決める

トラブルの際は、次のショットが打ちやすいところを狙うことも大事。また、“木越え”の判断をした場合は、「越せる」と思う番手よりもロフト大のクラブで狙うように

POINT 低い球で打ち出す

木が目の前にある場合は、幹だけでなく枝や葉っぱにも注意。上の方は危険がいっぱいなので、できるだけ低く打ち出すようにしよう

わざと曲げる練習は絶対に必要！

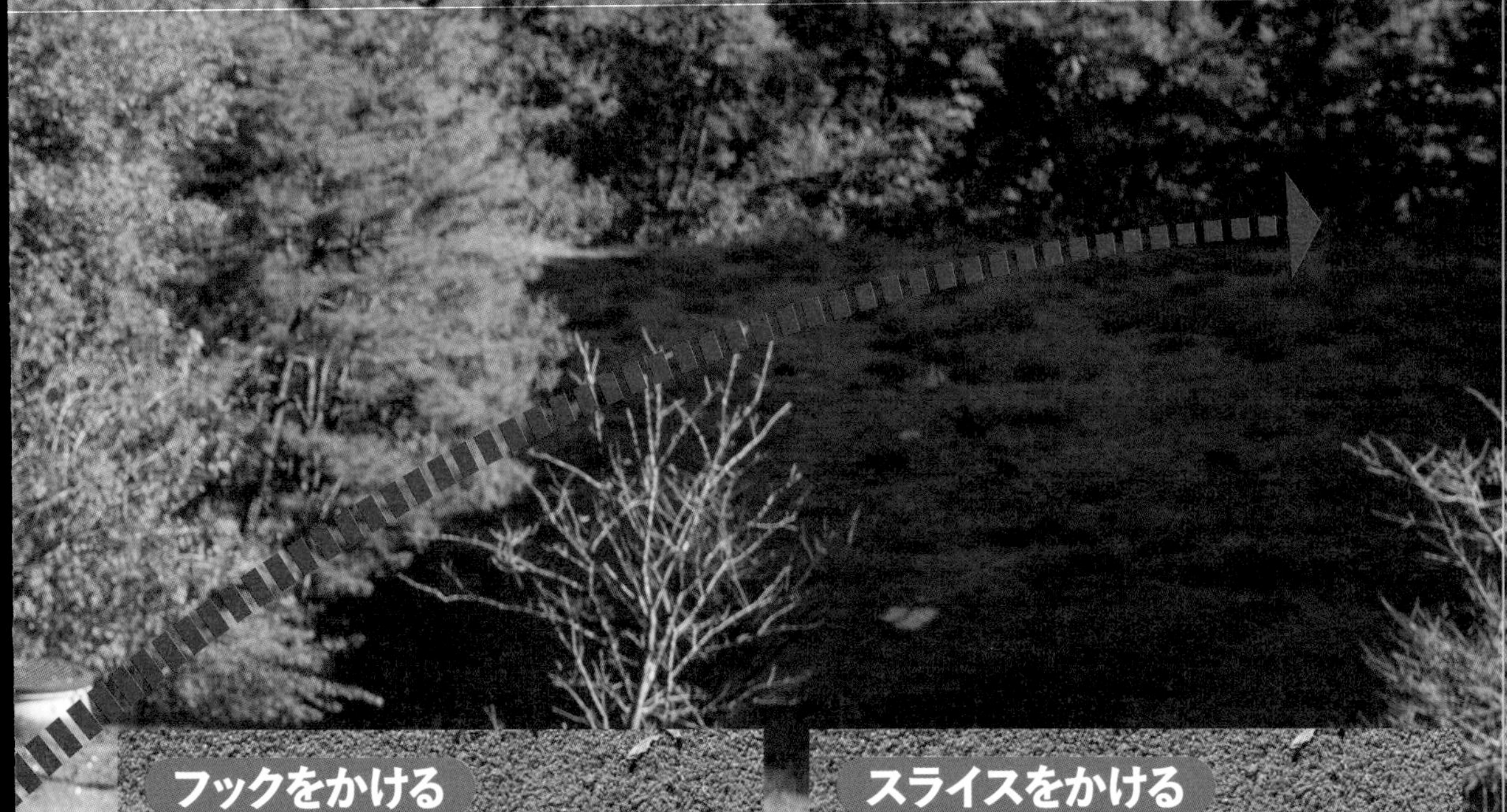
フックをかける
フェースをかぶせる
スライスをかける
フェースを開く

真っ直ぐ打つよりも大事な曲げる練習

「もしここで曲げるボールが打てたなら」。ラウンドしていてそう思ったことはありませんか？　実際、アマチュアゴルファーのプレーを見ていると、「ここで曲げるボールを打てばいいのになぁ」と思うことがあります。

そういう時のためにも、普段からボールを曲げる練習をしておくべきです。

「ボールを曲げるのは難しい」と思っている人も多いでしょうが、実は簡単です。左に曲げたい場合は、フェースを20度前後かぶせて構えるだけ。打ち方は変えません。逆に右に曲げたい場合は、フェースを開いて構え、普通に打てばいいのです。

左右に曲げる技術が身に付くと、真っ直ぐの打ち方も分かってきます。スライスの矯正にもつながるので必ずやりましょう。

POINT

フェースの向きを変えてどれくらい曲がるかを確認

「曲げて打つ」練習は大事。どの程度フェースの向きを変えたら、どれくらい曲がってどれくらい飛ぶかをチェックしておこう。7～9番アイアンで確認しておくとラウンドが楽になる

上級者ほど
スコアメイクを考え
曲げる練習を
していますよ

スコアが変わる!
メンタルのホント

打つ前にこれから やりたいことを言語化する

GOOD

これからやろうとすることを言語化すれば ショットの成功率が格段に上がる

ここは左ドッグレッグだから、右方向を向いてドローボールを打っていこう
ぱぁ!!

ショットを打つ前に、どのクラブで、どんなボールを、どこを狙って打つかを言語化してみよう。例えば、「グリーン右に外したら寄らないから左サイドを狙おう」といったように。そうすれば成功の確率がアップする。

言語化することで実現の可能性が高まる

ショットをする時に大事なのは、これからやろうとすることを言語化することです。

私はラウンド動画で、必ず狙いを口にしていますが、あれは動画だからやっているわけではなく、いつものルーティンです。プライベートのゴルフでも動画同様、小声でつぶやいていますが、言語化することで〝何をやるか〟をしっかり意識するようにしているのです。

毎回、その作業をしてから打つと、それが実現する可能性が格段に上がります。また、それが上手くいかなくても、「こういうつもりで打ったのだから、仕方がない」と諦めが付きます。

この言語化は、練習の時からやりましょう。日頃から訓練しておくことで、意識しなくてもできるようになりますよ。

BAD

やってはいけないことや不安が頭を支配し これからやるべきことが曖昧になっている

右はOBだから
右に曲がると
やばそうだな
引っかけると林か…
真っ直ぐ
飛んでくれるかな

言語化以前に、ゴルファーの中には、「どういうボールをどこに打つか」を決めずにショットしている人が多い。「あっちには打ちたくない」「こっちにいったらどうしよう」と心配しているだけでは、ナイスショットは生まれない。

Column

練習は5本のクラブに絞り ラウンドでもその5本を武器にする

「スイングは1つ」とよく言われますが、私は違うと思っています。もし、すべてのクラブが同じスイングで打てるのなら、1つのクラブだけ練習していればいいはず。しかし、上級者でもまんべんなく練習をしていますよね。上級者は打っている感覚を変えなくてもアジャストできるわけですが、振る感覚が同じだと言っても実際には変わっているのです。

ですから本当は、コースで14本を使うとしたら、14本分の打ち方を覚える必要があるのです。

そう考えると練習時間が限られているアマチュアが、14本の打ち方を全部覚えるというのは難しい話。そこで提案です。使うクラブを5本に絞って練習してみてください。オススメは、ドライバー、U4（22度）、7I、PW（46度）、SW（56~58度）の5本。もし機会があれば、その5本だけでラウンドしてみてください。クラブを絞ることでナイスショットの確率が上がる分、良いスコアが出しやすいと感じるはずです。

それが極端過ぎるというならば、14本のうち自信を持って使える番手を1つ作っておくというのも1つの手です。例えば7Iなら何ヤードでも打てるし、フックもフェードも自由自在というように。こういう1本があれば、スコアは確実にまとまりますよ。

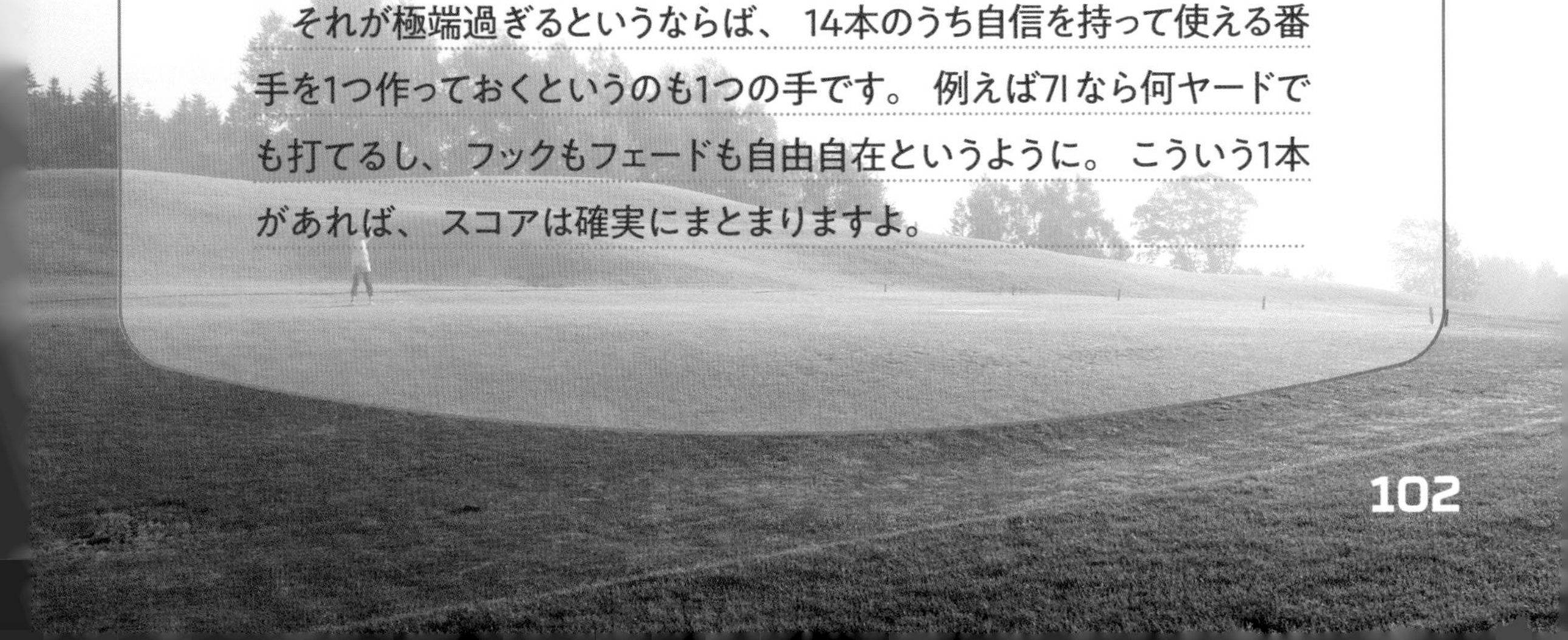

第三章

ラウンド前にやるべき
オススメの練習ドリル

アマチュアゴルファーの中には、スタート時間直前にゴルフ場に到着し、
練習もそこそこにティーイングエリアに向かう人がいますが、
上級者ほど準備を念入りに行います。ウォーミングアップにショット練習、
グリーンの速さやバンカーの砂質の確認も、スタート前にやっておきましょう。

肩甲骨や股関節を中心に筋肉の温度を上げることを意識する

肩甲骨のストレッチ

頭の後ろで手を組んで、右ヒジを頭の後ろに動かしたら、次に左ヒジを頭の後ろに動かす。肩甲骨を意識して交互に動かす

決して無理せず目指すは「イタ気持ちいい」

ラウンド前のウォーミングアップが大事だというのは、皆さんもご存じの通り。長時間の移動の後、いきなりドライバーを振り回すと、普段のスイングができないだけでなく、ケガの原因になるからです。私の場合は、それほど念入りにというわけではありませんが、スイングで使う肩甲骨や股関節などはしっかりほぐすようにしています。

意識しているのは、ウォーミングアップで筋肉の温度を上げること。そのため各メニューも動きを入れながら、体が熱くなるようにやっています。

主にやるのは、ここで紹介した5つ。時間（回数）やどれくらい曲げるかは、それぞれに合わせてやればいいと思いますが、「イタ気持ちいい」くらいを目安にやるといいと思います。

肩まわりのストレッチ

クラブを目の前に掲げ、右手を上から、左手を下から持って、下から持った左手を半回転させてクラブを180度回す

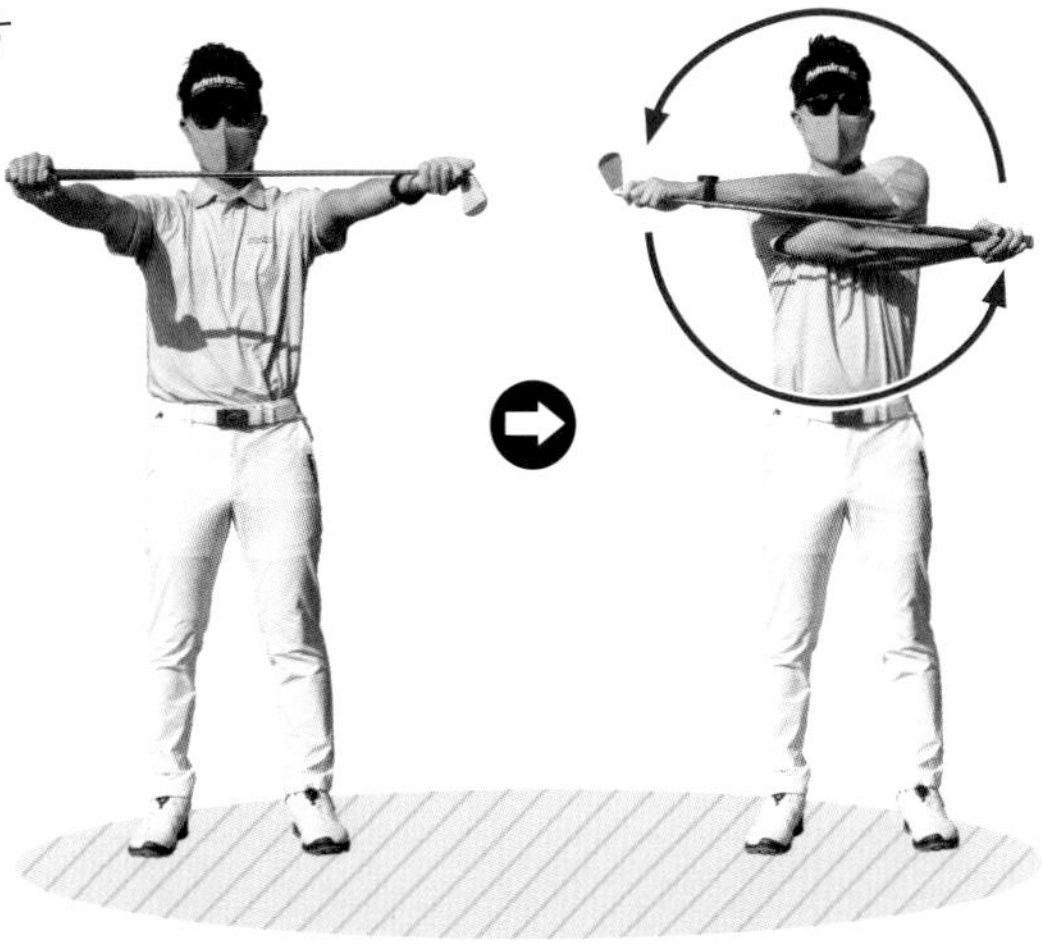

股関節を回すストレッチ

片手でクラブを杖のように突き、逆側の足を上げて、股関節を意識しながら90度グルッと回す。これを両足交互にやる

股関節を前後に動かすストレッチ

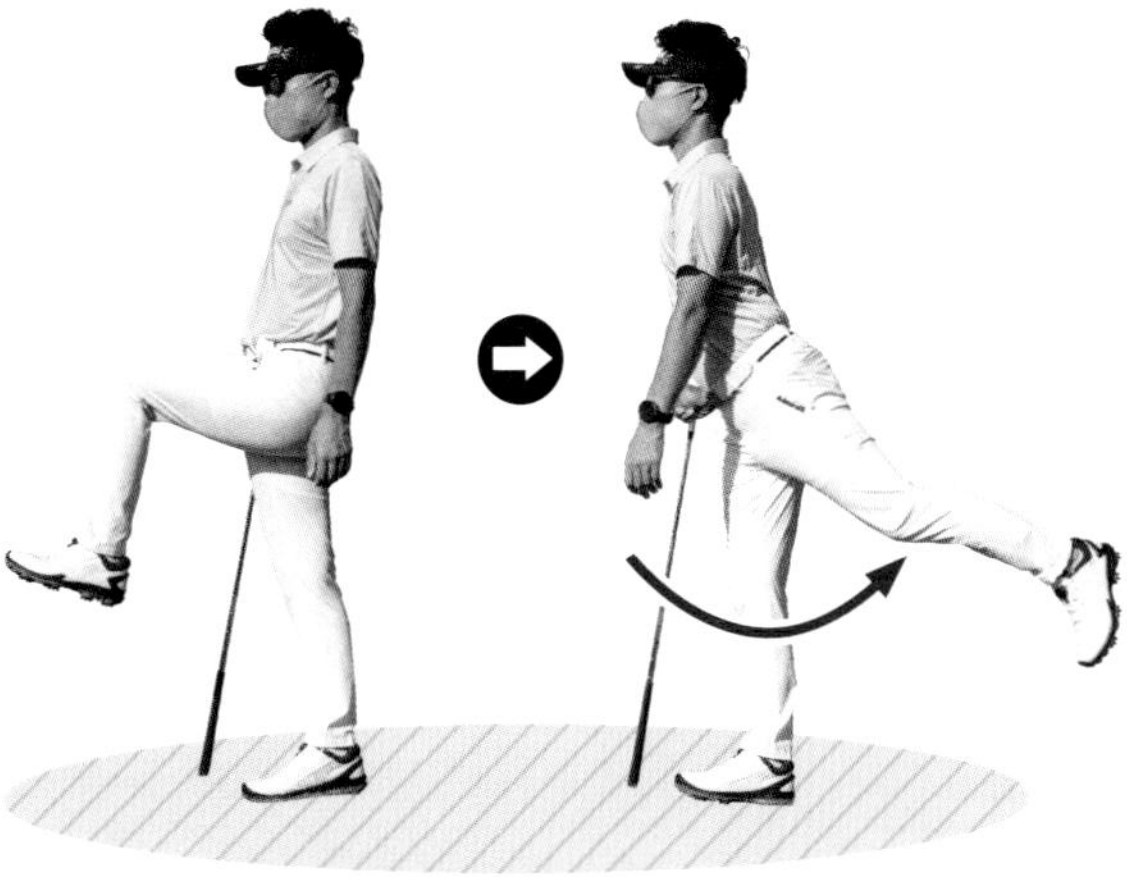

片手でクラブを杖のように突き、逆側の足をヒザが90度曲がるくらい前に上げ、その後後ろに振り上げる。これを交互に

クラブ2本素振り

7番と8番アイアンを、ヘッドとグリップが逆になるように重ね、ゆっくり素振り。いつもの方向だけでなく逆方向の素振りもする

ウォーミングアップと割り切る

OK

その日の球筋を確認しよう

ラウンド前の練習はウォーミングアップと、その日の球筋を確認するためのもの。肩や腕に力が入らないように、ゆっくり体を回してボールを打ち、どんな球が出るのか確認しよう

NG

スイング改造は絶対にしない

ボールが真っ直ぐ行かなかったり、飛距離が出ないとスイングを修正したくなるが、それは絶対にやらないこと。大きく曲がっても、それがその日の自分の球筋だと思ってプレーをしよう

朝のスイング改造はもってのほか

ストレッチが終わったら練習場へ。ゴルファーの中には、ボールを真っ直ぐ飛ばそうと、必死に練習をしている人がいますが、朝の練習はウォーミングアップのつもりでやりましょう。

絶対にやってはいけないのは、スイングの修正。この時点でスイングをいじり始めると、コースではグチャグチャになることがあります。スイングの修正は、ラウンドが終わってから、じっくりやるようにしてください。

もしボールが右に出るという傾向があったら、それをその日の持ち球と考え、それに合わせたコース攻略を考えるようにしましょう。また練習ボールの場合は、コースボールよりも軽いので右に行きやすいもの。右に飛んでもあまり気にしないで大丈夫です。

POINT

その日どんな球が出るかをチェック！

調子が悪いからといってガッカリする必要なし

前半良くて後半悪くなるということがあるように、ゴルフの調子は常に変わるもの。だから、朝の調子が悪いからといって気にする必要なし。体をしっかり動かすことに専念しよう

SW、9I、7I、ドライバーの4本を練習すればOK！

サンドウェッジ（SW）
5～7球
↓
9番アイアン（9I）
5～7球
↓
7番アイアン（7I）
5～7球
↓
ドライバー
4～5球

短いSWから順番に5～7球ずつ打っていこう。ドライバーも真っ直ぐ、遠くへ飛ばそうとするのではなく、方向性だけを確認しておく。上記の球数は、最低打っておきたい数。時間があればもっと打っておこう

POINT

短いクラブから長いクラブの順番で練習する

使う頻度が多い ４本で球筋をチェック

「朝の練習ではどのクラブを打てばいいか」という質問をよく受けますが、基本的にＳＷ、９番アイアン、７番アイアン、ドライバーの４本を打っておけばＯＫだと思っています。

「長い距離が残った時のためにＦＷやＵＴも打っておきたい」など、より多くの番手を打った方が、安心感が増すという人もいるでしょうが、前項でもいったように、朝の練習はあくまでもウォーミングアップと球筋の確認。使う頻度が多いこの４本で、どういう球が出るかをチェックすればいいのです。

球数に関しては、もし時間が許すなら、１コインといわず、たくさん打つように。特に、いつも前半悪い人や、気温が低い時期などはしっかり打ち込んでおくようにしましょう。

POINT
リズムとテンポを重視してスイング

いつものリズムとテンポを確認。また手先ではなく、しっかり体を使ったスイングをしておこう。フィニッシュもバランス良く立つことを意識

POINT
練習の締めはドライバー 球筋を確認して終了

長いクラブは体が温まってから打つ方がいいので、ドライバーは最後に打とう。球筋を確認して、それを記憶したらパッティンググリーンへ

バンカー練習場がある場合は早めに行って練習しよう

普段できないバンカー練習。バンカー練習場がある場合は、早めに行って活用しよう。また、ラウンド前は砂の感触を確かめておくことも大事

POINT

本番のために砂質などチェックしておくといい

バンカーが苦手な人は砂をたくさん打っていない

多くのアマチュアがバンカーを苦手にしているのは、バンカーから打つ機会が少ないから。実は私も、もともとバンカーが得意だったわけではなかったのですが、あることがきっかけで得意になりました。

それはある試合でのこと。前半、ことごとくバンカーにつかまり、3ホールに2回くらいバンカーショットを打っていました。そして迎えた後半、またまたバンカーにつかまったのですが、その時はすっかり得意になっていたのです。

このように成功体験を積めば、恐怖心も消えてきて、コツも分かってくるものです。得意にするためにも、バンカー練習場が整備されたコースでプレーする場合は、できるだけ早めに行ってバンカー練習をしましょう。

POINT
やさしい左足上がりで成功体験を積もう
バンカー練習をする際は、ライの選択も大事。難しい左足下がりのライだと自信を失うかもしれないので、比較的簡単な左足上がりで練習しよう
POINT
たくさんの砂を打つことが上達につながる

SWとPWで同じところに落とし転がりをチェックする

POINT
ボールの落とし場所をマークして練習する

ボールを打つと決めた場所から5歩のところにボールマーカーを刺す。ボールマーカーは埋め込み式を使用。このマーカーが練習の際のターゲットになる

ボールマーカーにファーストバウンドをさせるつもりで構える。ここではピンやカップ、ラインなどは関係なし。マーカーの場所だけを確認

※サンドウェッジ＝SW　ピッチングウェッジ＝PW

芝から打たないと アプローチは上達しない

　アマチュアゴルファーで寄せワン圏内に付けられない人が多いのは、芝からのアプローチ練習をする機会が少ないから。練習をする機会がある時は、たっぷりやっておきましょう。

　そのやり方ですが、私の場合はボールから5歩のところにボールマーカーを刺して、まずSWでそこにボールを落とす練習を繰り返します。そしてこの時、ボールが落ちてからどれくらい転がるかを確認します。

　何球か打ったら、今度はクラブをPW（もしくは9番アイアン）に持ち替えて、同じ目標を狙ってショットをします。

　当然、SWとPWとでは転がる距離が異なるので、今度はその転がりをチェック。この練習をやっておくことで、コースでも距離感をつかみやすくなります。

POINT
マークに落とすことだけを意識する

まずは58度のSWで狙う。この時、5歩の距離を打つ時の振り幅などをしっかり覚えておこう

ランニングアプローチができるPWか9番アイアンでも同じところを狙ってショット。振り幅を記憶する

狙ったところに落とし、SW、PWでそれぞれどれくらい転がったかをチェック。この練習をやっておけば、本番でも距離感をイメージしやすくなる

パッティンググリーンで 5歩と10歩の距離感をつかむ

1

平らな場所を探す

パッティンググリーンでは、まず平らな場所を見つける。人が混み合わない端を選んだ方がゆっくりと練習できる

2

狙う場所にマークする

平らなラインが見つかったら、そのライン上にマークする。そのマークしたところがパッティング練習のターゲットになる

3

5歩の距離を確認

マークしたところから5歩の地点にボールをセット。ボールを置いたら、もう一度5歩先のマークを確認する

練習グリーンでのカップインは効果なし

　ほとんどの人がラウンド前のパッティング練習を熱心にやっているようですが、適当にボールを置いて、「入った」「入らなかった」とやるのはあまり意味がありません。ラウンド前には、打ち方云々ではなく、コースによって異なるグリーンの速さを知ることが大事です。

　まずパッティンググリーンに来たら、できるだけ平らなところを探して、5歩の距離を設定。そのグリーンの場合、5歩の距離をどれくらいの振り幅で打てばいいかを確認します。

　5歩が終わったら、同じやり方で10歩を確認しましょう。5歩と10歩の距離感が分かれば、本番でも距離感を合わせやすくなるはず。パッティングの成否は、朝の練習に掛かっていると言っても過言ではないのです。

4 スマホを置き真っ直ぐを確認

グリーンの速さをつかむ練習なので、ボールの横にスマホを置き、真っ直ぐ打ち出せるようにしておく

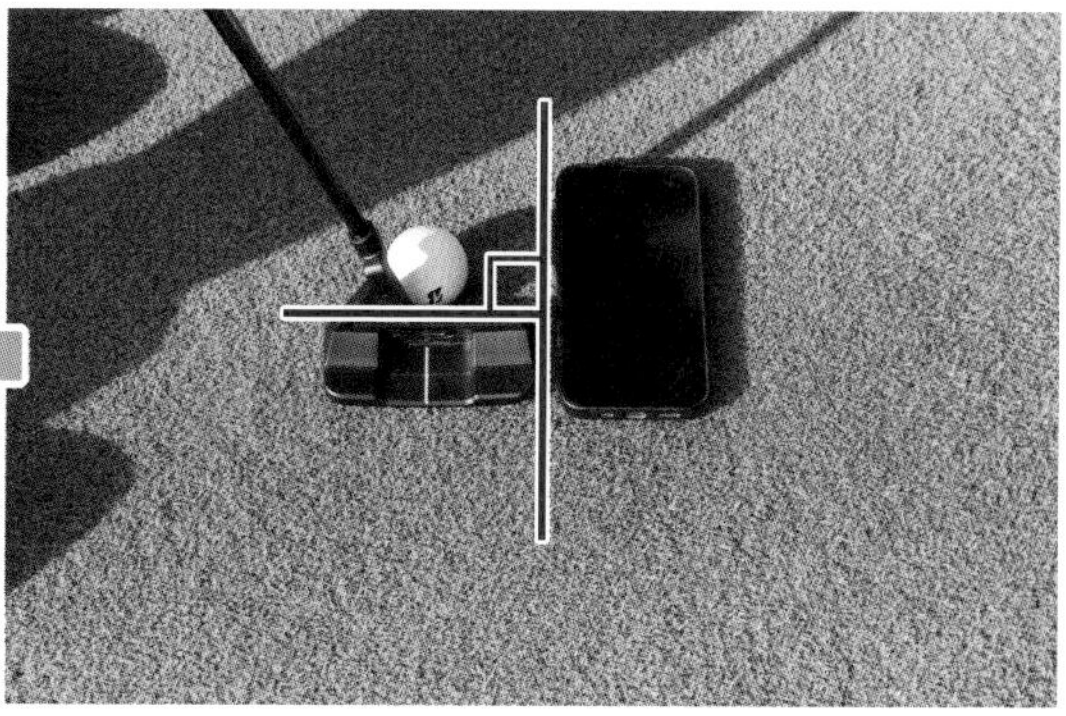

5 足幅と振り幅を確認

肩幅に開いた足幅を基準に、どれくらいの振り幅にするかを設定。ストロークは必ず左右対称で行う

6 3球打つ

振り幅を決めたら3球打ち、距離感を調整。マークのところにピッタリと止め、5歩の距離感を自分のものにしておく

5歩と10歩で基準を作る

5歩と10歩の距離感をつかむのは基準を作るため。例えば7歩なら、5歩よりも少し強めに打つ。また、10歩の下りなら6～7歩の距離感で打つというように。この2つをつかんでいれば距離感を合わせやすくなります。

余裕を持ってプレーするために常に先頭を歩く

GOOD

スコアに関係なく颯爽と先頭を歩くことを意識 そうすれば心に余裕ができ、ショットも良くなる

常に先頭を歩くというのは
気持ちいい
グリーンに着いたら
じっくりラインを読もう
さっ

どんな時でも先頭を歩くことを意識。先頭を歩くということは、人よりも早くプレーしていることになるので、マネジメントも余裕を持ってできるし、歩測する時間も生まれる。“プレーの早さ”を意識するのも上達の秘訣だ。

後ろがのんびりだとゆったりプレーできない

　いいプレーをするためには、〝余裕〟が必要です。余裕があれば、マネジメントも落ち着いてできるし、歩測などもしっかりできる。それに対し余裕がないと、いろいろなことを焦ってやらなければいけなくなります。

　そのために意識してほしいのが、常に先頭を歩くということです。先頭に立つことで、考える時間も増えるし、細かいことに気づくこともできる。また、ファストプレーにもつながります。「そうはいってもスコアが悪いと打数が増えて、つい取り残される」という人もいるでしょうが、その自覚があるならなおさら、走るなり、次のプレーを考えながら移動するなりして他の人より前に出ましょう。そうすることが結果的に、いいスコアを生むことになるのです。

BAD

スコアが悪い人ほどいつも後方でプレー 番手選びや歩測の時間も少なくなる

打数が多いとプレー時間も長くなり、さらに後ろをダラダラ歩いていると余計にゆっくりプレーをしているように見られる。プレーに時間が掛かるのは仕方がないが移動時間を早くしたり、クラブを3本持って走るなどの動きが必要だ。

Column

風の影響はあまり気にしない ナイスショットを打つことに集中する

風にどう対応するか？ これは、すごく難しい問題です。

確かに風の影響はかなり大きいと言えます。プロや上級者は、雨や気温よりも風に神経を使います。そのための練習を積んで、アゲインストの時は低い弾道で攻めたり、アイアンショットでは風に乗せたり、ぶつけたりといろいろな工夫をしています。

100切り、90切りを目指すアマチュアゴルファーも、風対策として低い球を打つ練習くらいはした方が良いでしょう。ただ、自分のものになっていないうちに、コースでやろうとするとかえってミスが出やすくなってしまいます。

風に打ち勝つ自信がない場合は、必要以上に気にせず、ナイスショットを打つことに集中した方がいいと思います。

また、風の強い日は、アイアンショットの期待値を下げておくことも大事。普段のパーオン率が50%なら、25%に下げる。そしてその分、アプローチで頑張ってパーを拾うことを考える。そうすれば、スコアを落とさなくてすみます。これもマネジメントの1つ。できることをきちんとやることが大事です。

第四章

スコアメイクの要！ アプローチショット

パーオン率が低いアマチュアにとって、100ヤード以内をいかに寄せるかが
スコアメイクのカギとなります。フルショットができない距離を、
どの番手でどうやって打つか。グリーン周りからは、転がすか止めるか。
頭をフル回転させて、最善の策を選びましょう。

振り幅で距離を打ち分ける

POINT

時計をイメージすると振り幅を決めやすい

振り幅は、時計の文字盤に合わせるとイメージしやすい。例えば30ヤードなら8時−4時で振る。なお、スイングは左右対称が基本ということも忘れずに

距離感を引き算で調整すると緩みやすい

１００ヤード以上なら、フルショットで届く番手があるのに対し、１００ヤード以内はスイングの調整が必要になってきます。この調整をミスなく行うために、時計の文字盤をイメージして打つことをオススメします。

例えばＳＷで30ヤードだったら、８時−４時の振り幅にするといったように基準を設けておけば、大きな狂いは生じないはずです。

なお距離感に関しては、足し算で作ることが大事。例えば40ヤードを打つ場合、50ヤードを少し緩めるのではなく、30ヤードの振り幅を少し大きくします。その理由は、〝引き算〟だと緩みの原因になるからです。10ヤードから10ヤードずつプラスして１００ヤードまでの距離感を作っておけば完璧です。

30ヤード

8時ー4時

人によって多少振り幅は変わってくるが、てらゆー式は、58度のウェッジで、振り幅8時ー4時で30ヤードを計算している。もちろん番手によって距離は変わる

50ヤード

9時ー3時

50ヤードは、腕が地面と水平になるくらいの振り幅で。この振り幅になると、少しコックの動きが入ってくる。また、足幅も少し広めになる

70ヤード

11時ー1時

70ヤードはクォーターショットのイメージ。ただ、何となく3/4というよりは、ハッキリと「11時ー1時」と決めておいた方が、距離感が合いやすい

インパクトの形を作って体の回転で打つ

POINT 左足かかとを軸に小さく構える

両足を揃えたら、左足を軸につま先を少し左に向け、ハンドファーストの形を作る。このように小さい構えを作っておくとスイングの再現性が高くなって距離感も合いやすい

近い距離は小さく構えて左右対称に振りましょう

ボールは左足かかと線上。右足つま先の前にあるように見えるのは、少しオープンに構えているから。ボールの位置も間違えないように

手を使うと球筋が安定しない

グリーン周りのアプローチは、小さく構えるというのが基本です。両足を揃えて、つま先を少し左に向けて立ちます。そして、ボールは左足かかと線上に置き、インパクトをイメージした、ハンドファーストの形で構えます。

また、クラブを短く持って、体とボールとの距離を近づけます。このように構えることによって、遠くに飛ばすことはできませんが、再現性は高まります。

さらに再現性を高めるために、体の回転を使って打ちます。距離が近いと手の感覚で打ちたくなりますが、そうすると軌道が不安定になり、距離感も合いづらくなるので注意してください。

あとは落とし所を決めて、そこに運ぶだけ。この打ち方ができればアプローチのミスは大幅に減るはずです。

POINT

ボールを上げようとせず クラブに任せる

SWを持つとボールを上げたくなるが、それがミスの原因に。むしろロフトを立てるぐらいでOK。もともとロフト角が大きいので、立ててもボールは上がる

OK

体を回して アプローチショット

体の回転で打った方が、スイングの再現性が高くなる。どんなに短い距離でも、しっかり体を使って打っていくことが大事。スタンスを少しオープンにしておくと、体も回りやすくなる

NG

腕を使って打とうとしてはダメ！

グリーン周りのアプローチで、ショットのような大きな構えは必要なし。また、腕を使うのも厳禁。短い距離だと手の感覚で運びたくなるが、ミスが出やすくなるし、距離感も合わない

基本はPWで転がして狙う

POINT

ピッチング（PW）を使えば転がしは簡単になる

PWや9番アイアンを使ってアプローチの基本の打ち方をすれば、ランニングアプローチになる。番手による転がりの違いは、練習で把握しておこう

SWで失敗すると ザックリやトップが出る

アプローチのレッスンでは、「転がせる状況なら転がせ」とよくいわれますが、それは上げるより転がしの方がリスクが少ないからです。ボールを転がすランニングアプローチは、ボールを上げる時のようにダフリやトップが出ても、大きなミスにならないのが最大の利点です。

問題は、転がせる状況にあるかどうかですが、ボールとグリーンとの間に障害物がなかったり、グリーンまでが比較的フラットな時、また、エッジからピンまで距離がある時は、必ずランニングアプローチを使いましょう。

打ち方は、基本の打ち方のままで、クラブをPWか9番アイアンにするだけ。あとは落とし所を設定して、そこを狙って打っていけばOKです。

POINT

落とし所を決めることがポイント

ランニングアプローチでも必ず落とし所を決める。寄ったかどうかよりも、決めたところに、決めた高さで落とすことができたかどうかが重要になる

POINT

距離感がつかめるまで転がす

ランニングアプローチの距離感をつかむためにはどうすればいいか。これはひたすら転がすしかない。距離感がつかめるまでランニングアプローチでピンを狙おう

インパクトで急加速してスピンを利かせる

POINT

スピンアプローチはサンドウェッジ(SW)

止めたい時は、バッグに入れているウェッジの中でも最もロフトの大きい56〜58度を使用。芯を外すとミスになるが、ボールが上がってスピンが利く

急加速を怖がるとスピンは利かない

　ランニングアプローチができない時、例えば、「エッジからピンまでの距離が近い」「グリーン手前にハザードがある」「グリーンが下り傾斜で、ランニングだとグリーンからこぼれる可能性がある」時などは、スピンの利いた止めるアプローチが必要になってきます。だから、この止める打ち方もマスターしておかなければいけません。

　使うクラブは、ロフト大のSW。打ち方は、フェースを開いて構え、バックスイングはコンパクトにして、ダウンスイングからフォローで一気に加速させるというのがポイントになります。ただし、スピンが利くウェッジとスピン系のボールを使わないと、キュキュッと止まるスピンは掛からないということを覚えておきましょう。

POINT

フェースを開いて構える

スピンを利かせるためにフェースを開いて構えることが大事。ボールの位置はやや右足寄り。フェースを開いた分、ボールが上がるので、思い切り振っても飛距離は出ない

POINT

小さい振りからダウンで一気に加速させる

バックスイングは小さめで、切り返し以降、一気に加速させる。できるだけヘッドスピードを上げるのがポイント。フォローも大きくなる。グリーンが目の前なので少し勇気がいるが、しっかり振り抜こう

斜面に沿ってクラブを振る

左足上がりのアプローチ

ボールが上がりやすく、止まりやすいので、グリーンの傾斜にもよるがピンをデッドに狙っていける。左足体重で構え、体重移動をしないで打つことも大事

左足下がりのアプローチ

バックスイングが浅くなってシャンクが出やすいので、右足を少し引いて構えるのがポイント。スピンは掛かるがボールは低く出る。上げようとしないこと

素振りをせずに打つのは目をつぶって打つのと同じ

傾斜地からのアプローチは、基本的に第二章で紹介した傾斜地からの打ち方（P76〜）と同じです。例えば「左足上がり」では、左足体重にして体重移動をしないで打ちます。「左足下がり」は、ボールを少し右足寄りに置き、斜面に沿った振り子の軌道でクラブを振ります。バックスイングが浅くなりやすいので、右足を少し後ろに引いて構えましょう。「つま先上がり」は、クラブを短く持つことと、前傾姿勢を浅めにすること。「つま先下がり」は、深く曲げたヒザの高さを変えずに打つことが大事です。また、上半身の回転で打つのもポイントです。

いずれのショットもいつもより素振りを倍近くして、ヘッドが落ちる場所と抜ける場所を確認することも忘れずに。

体とボールとの距離が近くなる分、クラブを短く持って、前傾姿勢を浅めにして後ろにバランスを崩さないように。また、左に飛びやすいので右を狙おう

両ヒザを深く曲げて、ヒザの高さを変えずに打つ。下半身がグラつかないように。ダウンで体が浮き上がらないように、上半身の回転で打つのもポイント

ヒールを浮かせてボールを打つ

POINT

ヒールを浮かせて構える

できるだけ地面との接触を避けたい場合は、ヒールを浮かせて構え、トゥ寄りで打つといい。プロや上級者は当たり前のように使っているテクニックの1つで地面に触れずに打てる

POINT

ヘッドは少し立てた状態にする

手元を少し上げたハンドアップの形で構えて、ロフトは立てた状態にしてセット。ヒールを浮かせて構えているので、地面から受ける影響は少なくなる。ダフリを避けたい時にも有効

普通に打つとまともに地面の影響を受ける

見た目はきれいなゴルフ場ですが、左右に曲げると厄介な場所がけっこうあります。特に林の中などは、地面が芝なのか土なのか分からないところがあるし、少しぬかるんでいるところも。どうやって打っていいか分からなくなりますよね。

そういう状況の時は、無理をしないこと。グリーンに乗ればOKくらいのつもりで打つことが大事です。

また、打ち方ですが、上級者のテクニックとして、ヒールを浮かせて打つという方法があります。ヒールを浮かせてトゥ寄りでコツンとやれば、地面の影響をあまり受けずにインパクトできるからです。

コースでいきなりやっても上手くいかないので、ぜひ練習してみてください。

POINT トゥ寄りでコツンと当てる

スイングは他のアプローチ同様、体の回転で打つこと。きれいに捉えるというよりも、トゥ寄りにコツンと当てるイメージで打つといい。無理をしないことも大事

ミスしない確実なクラブ パターで転がす

POINT クラブ選択の優先順位は パター、PW、SWの順番

薄芝のライにボールがあったら、まずはパターで打てないかどうか考える。グリーンまでの状況によってはPWを使用。その2つが無理な場合のみSWを使う

薄芝や冬芝では ＳＷのリスク大

　冬場は、芝がかなり薄い状態のところからアプローチをしなければいけなくなり、失敗の確率が上がります。特にＳＷを手にすると、けっこう痛い目にあい、ザックリ（大ダフリ）になる可能性が高くなります。

　そういう失敗を犯さないためには、打ち方よりもクラブ選択が重要なポイントになってきます。第一候補はパター。ザックリはもちろん、それを怖がってやってしまうトップの心配もなし。確実にグリーンに乗ってくれるし、距離感さえ合えばピンに寄せることもできます。

　第二候補はＰＷ。打つところの芝は薄いけど、グリーンの手前で抵抗を受けそうな場合は、ＰＷで転がしましょう。ＳＷは最後の手段と考えてください。

POINT グリーン上と同じストロークで打つ

グリーンの外からパターで狙う場合も、打ち方はグリーン上と同じ。グリーンまでの抵抗を考える必要はあるが、振り幅を決めたら、左右対称でストローク

池に入れてもたかが1ペナ ガッカリし過ぎないようにしよう

GOOD

池は林と同じ。 池ポチャしてもペナの数は 出すだけショットを強いられる林と変わらない

おお、池ポチャか
でも池の手前から
打てばグリーンが狙える
OK、OK！
どぼん

池に入れると相当ガッカリする人が多いが、たかが1ペナ。ティーショットで池に入れたら池の近くから3打目が打てるので、ティーショットで林に入れて、出すだけショットをした時と同じ。そんなにガッカリする必要はないのだ。

池越えは技術よりもメンタルが勝負

ゴルファーの中には、池に入れると、この世の終わりかと思うくらい落胆する人がいますよね。それを見ていつも思うのは、「そんなにガッカリすることですか？」ということです。なぜなら、池に入れても1ペナ。林に入れて〝出すだけ〟と同じことなのですから。もちろん、林に入れてもガッカリするでしょうが、池に入れた時ほどガッカリしませんよね。

もう1つ、池絡みの話を。池を前にすると使い古したボールを取り出す人がいますが、あれは止めた方がいいと思います。というのも、ボールを替えた時点で、気持ちは池に支配されていることになるからです。新品のボールを出せとはいいませんが、逃げるような行為は禁物。自分を信じてプレーしましょう。

BAD

池ポチャを恐れて古いボールを取り出すのは その時点で弱気になっている証拠

「ボールをなくしたくない」という気持ちは分かるが、それまで上達に費やしてきた労力、時間、費用のことを考えたら、ボール1個くらいどうってことないはず。そもそもボールを替えようと思った時点で、池に負けてしまっている。

Column

練習の中でも最大の効果が得られる 上達を目指すならラウンド後に練習を

ゴルフに割ける時間が限られているのがアマチュアゴルファーの悩み。「何とか短い時間で効率良く練習できる方法はないのか？」という質問をよく受けます。そういうゴルファーにオススメしているのが、“ラウンド後の練習”です。

練習の中でも、ラウンド後の練習が最も上達につながると私は思っています。18ホールをプレーすると、思いもよらないところに力が入っていたり、体の向きが狂っていたりするもの。そういう点を、ハーフスイングでチェックしながら、いい時のスイングに戻していきます。

また、リズムの調整もラウンド後にやっておきたいメニューの1つ。コースでボールを打っていると、バックスイングが速くなりがちなので、それをいつものリズムに戻す作業をします。

これらの練習をラウンド後にやると、今からすぐにでもラウンドしたいと思うほど調子が良くなってくるし、調子を取り戻した状態にしておくと、次回のラウンドでも気持ち良くスタートできます。上達を目指すなら、ぜひ取り入れてみてください。

第五章

苦手意識をなくす！
状況別バンカーショット

多くのゴルファーが苦手とするバンカーショット。その原因は、経験の少なさにあると言われます。

とはいえバンカーでは、曲打ちを要求されるわけではありません。

経験がなくても、打ち方を頭に入れておけば、初心者でも簡単に脱出できます。

恐れることは何1つないのです。

いつもの構えで2〜3倍 強く打つだけ！

POINT **ボールを左に置いて 通常通りに構える**

フェースを開く必要もオープンに構える必要もなし。ただボールを左に置いていつものスイングをするだけで、バンカーからは脱出できる

バンカーだからといって難しい打ち方は必要なし

バンカーは特別な打ち方をしなければいけない。そう思っているゴルファーも多いでしょうが、実はそんなことはありません。砂ごとボールを打つことになるので、〝ダフらせる〟ことが必要になりますが、そのためにボールを少し左寄りに置くだけ。スイングはいつもと同じで大丈夫です。足場が悪くなりますが、他のショット同様、しっかり体を使って打っていくことも大事。また、アゴが近くて高く上げたかったり、スピンを掛けなければいけなかったりする状況でなければ、フェースを開く必要もありません。

ただ大きく違うのは振り幅で、通常の2～3倍は必要。砂質にもよりますが、15ヤードのバンカーショットなら、30～40ヤード前後の振り幅で打ちましょう。

POINT クラブの振り幅は砂の硬さで調節する

どれくらいの振り幅で打つかは、砂の硬さによって調節する。砂が軟らかい場合は通常の3倍で、硬い場合は通常の2倍の振り幅で打つというのが1つの目安

怖がらずに大きめに振るのがバンカー脱出の秘訣です

フェースを45度開いて構え手首を使って加速させる

POINT 手首の運動量を増やしてヘッドを加速させる

フェースを開いて構える分、ボールが上がって飛距離が出ないので、飛ばすにはヘッドスピードが必要。体の回転に加え、手首を使って一気に加速させよう

手首を利かせて
ヘッドをビュンと
加速させることが
大事です

開いて構える＝右に飛ぶではない

　アゴが高い時や、グリーンに落としてすぐに止めたい時は、特別な打ち方をします。

　まず、フェースを45度前後開きます。フェースを開いた分、スタンスはややオープンに。また、スタンス幅は肩幅より少し広めにして両ヒザを曲げ、腰を落として構えます。そうすることによって手の位置が下がり、ボールが右に飛び過ぎるのを防ぐことができます。

　さらにフェースの開きによって飛距離が出なくなるので、通常のバンカーショットよりヘッドを加速させて打ちます。具体的には体の回転に加え、手首の運動を増やしてヘッドスピードを上げていきます。

　バンカーショットの練習をする機会があったら、ぜひチャレンジしてみてください。

POINT

フェースを45度開いて構える

フェースは思い切って開こう。なお、フェースを開いて構える時は、構えたあとフェースを開くのではなく、フェースを開いてからグリップするように

フェースを思い切りかぶせて上から打ち込む

POINT フェースをかぶせて ボールの手前を叩くだけ

フェースを思い切りかぶせて、ボールの手前をドンと叩くだけで砂が深く掘れ、ボールは飛び出す。ヘッドを砂に叩き込むイメージで、打って終わりでOK

目玉から開いて打つのはパワーがいる

バンカーに入っただけでガッカリなのに、それがボールが深く埋まった目玉だったら……。かなりショックは大きいですよね。ほとんどのゴルファーは、目玉からボールをすくい出そうと、フェースを開いて、ボールのさらに下にヘッドを潜り込ませようとしますが、このやり方ではどんなに頑張ってもボールを飛ばすことはできません。

ではどうすればいいのか。まず、フェース面が自分の方を向くくらい、フェースを思い切りかぶせて構えてください。あとはいつものバンカーショットと同じで、ボールの手前の砂を叩くだけ。そうすれば砂が深く掘れて、ボールが飛び出します。

距離感を合わせるのは難しいですが、とにかく脱出はできます。やってみる価値ありです。

フェースを
かぶせたら
あとは上から
叩き込むだけです

POINT フェース面が自分を向くくらいかぶせる

フェースを思い切ってかぶせるのがポイント。面が自分の方を向くくらいかぶせよう。そうすることでヘッドが潜り込まず、砂も深く掘れる

PWで砂ごと遠くに飛ばす

POINT
ロフトの立ったクラブで
砂ごと打つ
ピンまで
30ヤード以上の
距離がある

砂が軟らかい場合は、PWや9番アイアンなどロフトの立ったクラブで、通常のバンカーショットと同じように打つ。ロフトが立っている分、SWよりも飛距離が出る

中途半端に加減した打ち方をしない

ピンまで30ヤード以内のバンカーショットなら、砂ごと打ってボールを運べばいいのですが、それ以上の距離だとその打ち方では届かなくなります。

そういう場合の選択肢は2つ。1つ目は、PWなどロフトの立ったクラブで、通常のバンカーショットをするパターンです。砂が軟らかいバンカーではこちらの方がオススメです。

2つ目はSWで、通常のアプローチと同じようにボールだけを拾う方法です。少しでもダフると脱出できなくなるので、砂が硬いバンカーならいいのですが、軟らかい砂の時は危険です。また、前者に比べて技術が必要になってきます。

いずれも難しいショットになりますが、どちらにするかをハッキリ決めて挑んでください。

POINT

アプローチ同様 SWで クリーンに打つ

砂が硬い場合は、アプローチショットと同じようにクリーンに打ってボールを運ぶ。砂が硬いとはいえ、ダフると飛距離が落ちるのでリスクは大きい。どちらかというと上級者向きの打ち方

クリーンに打つのはリスクがありますが距離感は合わせやすくなります

距離のあるバンカーの場合、使うクラブと打ち方はセット。2種類の打ち方から、どちらで攻めるかをハッキリと決める

ピン方向と逆を向いて打つ勇気を持つ

プロでもここに
ボールがあったら
打てる方向を
探します

POINT
ピンを狙えないボールはピン方向に打たない

バンカーの端にボールが止まっているなど、ピン方向を狙えないこともある。そういう場合は、ピンを狙うことを諦めることが大事

困った時は「急がば回れ」を実践

バンカーの端に止まっていて、しかもピン方向には高いアゴがある。こういう状況になると、かなりの上級者でも脱出が難しくなります。

このような場合は勇気を持って〝打ちやすい方向〟に打つことをオススメします。もし打ち出す方向がピンとは逆方向であっても、それが正しい選択。全英オープンでもポットバンカーにつかまった選手が、反対方向を向いて打つシーンが映し出されることがありますが、あれと同じです。

もちろん、とりあえず出すのではなくて、次の1打を考えてショットをすることも大事です。また、安全な方に出すといってもバンカーショットであることに変わりはないので、しっかり打つことを忘れないでください。

POINT

ピンとは逆方向でも打ちやすい方向に打つ

打ちやすい方向がピンとは逆方向でも、そちらに打ち出す。ただし、できれば次の1打が打ちやすいところに打ち出した方が、ケガが最小限に抑えられる

POINT

目標を定めたらそれがピンだと思って狙う

出すためのショットとなると、モチベーションが上がらず、手も緩んでしまうが、これはとても大事な1打。目標を狙ってしっかり打っていくようにしよう

同じ場所の砂と同じ砂の量を飛ばす練習を繰り返す

POINT 一本線を引きボールがあると仮定して打つ

ボールを使わないバンカー練習ドリル。バンカー内にヘッドで長めのラインを引き、そこにボールがあると仮定してバンカーショットの練習をする。これをやることで砂を打つ感覚が身に付く

砂だけ打つ練習が絶対的に足りていない

最後に効果的なバンカー練習法を紹介しましょう。

バンカー内に長めのラインを引き、そのライン上にボールがあると仮定して、砂を飛ばすイメージで砂だけを打っていくというドリルです。

スイングするたびに少しずつ後ろにずれていき、毎回ラインの下の砂を、同じ量だけ飛ばし、最終的にラインがきれいに消えたら合格です。

ラインが消えずに、手前の砂が掘れている場合は、手打ちになっている証拠。また、ラインより先の砂が掘れている場合は体が突っ込んでいる証拠です。さらに掘れ方が一定でない場合は軌道が安定していないということ。そうならないように、体の軸をキープし、体の回転で砂を打つようにしましょう。

POINT ラインを消していくイメージで打つ

ラインの手前にヘッドを入れてラインごと消すイメージ。少しずつ下がって連続でヘッドを入れ、ラインを引いたところが同じような深さで掘れていたら合格

ラインの砂を
同じ分量
飛ばすつもりで
ヘッドを入れます

スコアが変わる!
メンタルのホント

スコアを数えるのは終了後
プレー中は目の前の1打に集中する

GOOD

**プレー中はスコアのことを頭から排除した方が
ショットに集中できナイスショットが生まれやすい**

ボールのところに来たら、スコアのことは頭から消し去り、そこからどういうプレーをするかに集中する。それが2打目であろうと3打目であろうと関係なし。どういうショットで、どこにボールを運ぶかだけを考える。

ラウンド中のスコア計算は百害あって一利なし

ラウンド中、スコアのことが気になるのは分かりますが、1ホール終わるたびに、「今は90ペースだ」「このままだと100を超えてしまう」とやるのはよくありません。スコアを気にすればするほど、プレーへの集中力が低下してくるからです。

また、スコアを気にすると調子が崩れることも。「あと2ホールをボギー、パーで上がれば90切りだ」とスコアを意識した途端、大崩れするというケースもよく見られます。大事なのは、目の前の1打に最善を尽くすこと。それ以外のことは考えないようにしましょう。もちろん、スコアを付けることは大事ですが、数えるのはホールアウトしてからで十分。その方が間違いなく、いいスコアが出るものです。

BAD

プレー中、スコアのことばかり気にしているとショットに集中できず、ミスをしやすくなる

ゴルフはスコアを競うスポーツ。スコアのことが大いに気になるのは分かるが、どんなにスコアのことを気にしても、スコアが良くなることはない。むしろ、スコアを気にし過ぎると、ショットに集中できなくなり、ミスが出やすい。

Column

マネジメント&メンタルが鍛えられる 今どきのシミュレーションゴルフ

なかなかラウンドに行けなくて、マネジメントやメンタルを鍛える時間がない。そういうゴルファーにぜひ活用してほしいのが、シミュレーションゴルフです。

シミュレーションゴルフというと、遊び感覚でやるものと思っている人も多いようですが、今どきのマシンはかなりリアルで、練習ラウンドに匹敵します。先日も、某人気コースを初めてラウンドしたのですが、シミュレーションゴルフで何度もラウンドしていたので、初ラウンドとは思えないくらいマネジメントは完璧でした。

また、メンタルトレーニングとしても最適です。皆さんが嫌がる池越え、谷越え、OBなどあらゆるシチュエーションが体験できるので、シミュレーションゴルフで場数を踏んでおけば、実際のラウンドでも落ち着いてプレーできるようになります。

もちろん、飛距離なども正確な数字が表示されるので、ショートゲームの距離感などが養えるのも大きな魅力です。

スイング作りは打ち放しで、マネジメントとメンタルは、シミュレーションゴルフで鍛えるというのはいかがですか。

第六章

スコアをぐっと縮めるパッティング術

スコアの4割を占めるパッティング。総パット数を毎回チェックしましょう。

100切りを目指すなら40以内。90切りなら36以内が目標です。

そのためには正しい打ち方をするのはもちろん、グリーンをどう読んで攻略するかがポイント。

体よりも脳をフル活用するグリーン上こそ、最もマネジメント術、メンタルが試されるのです。

距離、上り下り、曲がりの順で確認する

POINT グリーンに乗ったら四方から傾斜を確認する

上級者ほど、グリーンに上がってからの動きが一定で、それをほぼルーティン化している。毎回同じ動きでラインを読むことで、正確な情報をキャッチできる

1 カップからボールまでの距離を歩測する

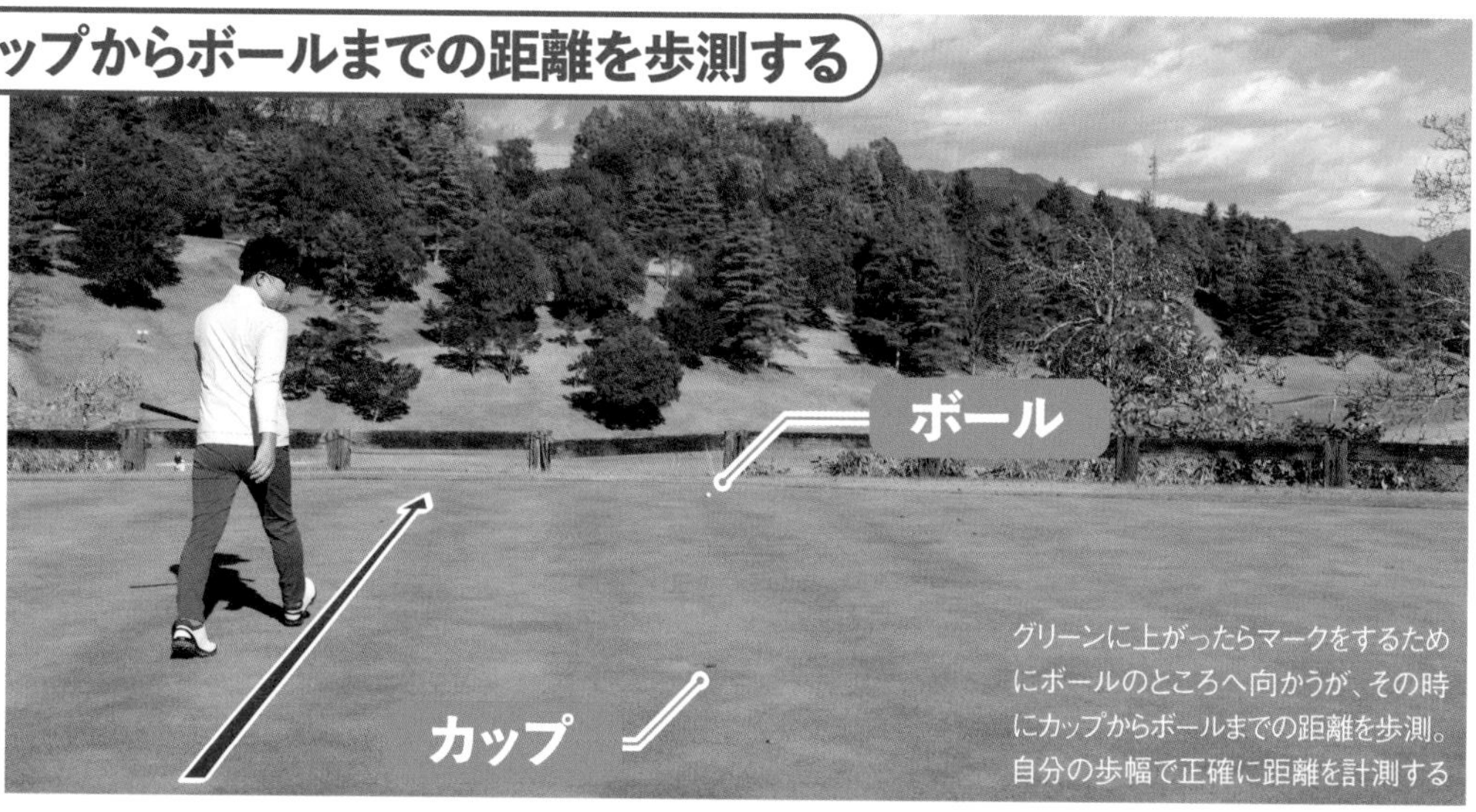

グリーンに上がったらマークをするためにボールのところへ向かうが、その時にカップからボールまでの距離を歩測。自分の歩幅で正確に距離を計測する

2 横から上りか下りかも確認しておく

歩測をしながら、カップとボールを結んだ線を横から見て、上りか下りかを確認する。2つのことを一度にすることでファストプレーにもつながる

何となく傾斜を読んでいる人がほとんど

グリーンに来たらラインを読む。ほとんどのゴルファーがその作業をやっているわけですが、やり方を間違っている人もいます。ここで間違うと正確なラインも読めなくなってしまいます。カップインの確率を上げるためにも正しい手順を覚えましょう。

細かい手順を覚える前に頭に入れておいてほしいのは、確認する順番です。

第一に「距離」、第二に「上りか下りか」、そして最後に「左右への曲がり」。なぜなら、曲がり幅は、距離によって変わるし、上り下りによっても変わるからです。多くのゴルファーは、「スライスかフックか」ばかりを気にして、上りか下りかをあまり気にしないようですが、実はこの方が大事。順番を間違えないようにしましょう。

3 ボールをマークする

ボールの地点に着いたらマークをしてボールを拾い上げる。ボールを拭きながら、ボールの後ろからだいたいのラインをチェックしておく

4 反対サイドから上りか下りかを見る

ボールにマークをしにいった反対側に回り、今度は逆側から上りか下りかを確認する。横から、しかも両サイドから見ることによって傾斜の度合いがよりハッキリとする

5 カップ後方から曲がりを確認する

ボールサイドから何となく確認した曲がり具合を、今度はカップ側から見る。カップとボールを結んだ線が、右に傾いているか左に傾いているかを確認する

6 ボールに戻りながら再度状況を確認

ボールに戻りながら、それまでに収集した情報が合っているかどうかを確認。ボールの位置に戻った時は、頭の中でラインのイメージが描けるようにしよう

動作同様、思考も 常に同じ順番で動かす

POINT

ルーティン化することで 動きにリズムが生まれる

ボールを置いてからストロークするまでも、同じ動きを同じ時間でやれば、自然とリズムが生まれる。自分なりのルーティンを確立するための練習も必要だ

1 ボールのラインやロゴを目標に合わせる

ボールの位置に戻ってきた時には、ラインのイメージがしっかりできあがっている。そのラインに合わせて、ボールのライン（ロゴ）を合わせるのがてらゆー流

2 ボールの後ろで素振りをする

ボールを置いたら2歩下がり、カップに正対して、振り幅を意識しながら素振りをする。この時にどれくらいの強さで打つかをしっかり固めておくことが大事

構えてから迷っていては入らない

　ラインを読んだらいよいよパッティングに入りますが、ここでも自分なりのルーティンを作っておいた方がいいでしょう。ここでは私のルーティンを紹介します。

　まず、ボールを置くわけですが、この時、打ち出したい方向にボールのライン（ロゴ）を合わせます。そのあと、ボールから2歩下がって振り幅を確認しながら素振り。ゆっくりボールに近づきながら、手でフェース面の汚れを取ります。

　次に右手でフェースの向きを合わせ、両手でグリップし、スタンス幅を合わせた後、もう一度目標を確認して、素振りのイメージが消えないうちにストロークを始めます。距離に関係なく、このルーティンを毎回一定の時間でやるようにしています。

3 フェースの汚れを拭き取る

フェースに砂などが付いていたらボールの転がりに影響する。汚れていてもいなくても、構える前に手で汚れを拭き取ることを習慣づけておいた方がいい

4 右手でフェースの向きを合わせる

5 両手でグリップしスタンスを合わせる

まず右手でフェースの向きをターゲットに合わせ、そのあと左手をグリップする。両手で握ったあと、スタンス幅を調整して、しっかり構えを作る

6 最終の方向確認

7 イメージ通りに打つ

最後にもう一度目標を確認し、素振りのイメージが消えないうちにストローク。この時、時間が掛かると、体が固まってスムーズに動かなくなるので要注意

振り子の最下点でボールをヒットできるように構える

POINT 前腕とシャフトが一直線 地面に対して垂直に構える

ボールは目の下、前腕とシャフトが一直線で、正面から見た時、パターが地面に対して垂直になるように構える。この構えができればストロークがブレない

体の真ん中に
ヘッドを置き
パターを地面と
垂直にしましょう

できていると勘違いしやすいパターの構え

パッティングの形に決まりはありませんが、基本的な構えや動きは覚えておくべきです。

まず構えで大事なのは、ヘッドを体の中心に置き、ボールが左目の下に来るようにセットすることです。左目の下に置くのは、振り子の最下点が体の中心になるので、左目の下にボールがあると最下点で捉えやすくなるからです。また、左目の下に置くとラインが見やすくなるという利点もあります。

それと、正面から見てシャフトが地面と垂直になっていること、前腕とシャフトが一直線になっていること、ソール全体が地面と接着していることも大事なポイントです。この構えで、振り子を意識してストロークすれば、思い通りの方向に転がすことができます。

POINT

ボールは左目の下にセットする

ボールを左目の下にセットすることによって、振り子の最下点でボールを捉えやすくなる。また、目の下にボールが来ていれば、ラインも見やすくなる

POINT

振り子の意識でボールを打つ

パッティングのストロークは、グリップを支点にした振り子運動が基本。振り子のように左右対称でパターを動かせば、転がりも方向性も安定する

OK

振り子の良いイメージ

支点が動かなければ、きれいな振り子運動になる。パッティングのストロークもこのようなイメージで行うとカップインの確率は上がる

NG

手で動かそうとする悪い動き

手でグリップを動かす動きが入ると支点がズレて、ストロークも不安定になる。きれいな振り子運動にするためにも手を使わないように

行き帰りのテンポとスピードを振り子のリズムで行う

行きは遅いが帰りは速いがミスヒットの原因に

パッティングストロークで大事なのは、左右対称の振り幅だというお話をしましたが、振り幅だけでなく、行き帰りのスピード（テンポ）も同じでなければいけません。時々、テークバックはゆっくりだけど、フォロースルーは速いという人を見かけますが、これはNG。もちろん、逆もNGです。

左右のテンポを一定にするためには、適度な力感でパターを握ることがポイントになります。適度な力感とは、片手でストロークしてボールを打つ時の強さ。両手とも、片手でポンと打てるぐらいの強さで握っていれば、行き帰りのテンポも合いやすくなります。

その力感をつかむためにも、片手打ちドリルをやるようにしましょう。

テークバックと
同じテンポで
フォローもヘッドを
動かしましょう

POINT

片手打ちドリルで力感をつかむ

両手の力感が均等ならば、行き帰りのテンポが合いやすい。その力感が自然と身に付くのが、“片手打ちドリル”。片手でボールを転がし、適度な力感を覚えよう

POINT

行き帰りのテンポを一定にする

テークバックとフォローのテンポを一定にする。テークバックが速ければフォローも速くする。振り幅とテンポが一定になって、初めて正しいストロークになる

1m以内はピンに当てて沈める

POINT 左足のつま先辺りに目印を見つける

カップを意識しないように、左足のつま先辺りに目印を見つけてストローク。そうすれば頭が動かず、上体も突っ込まなくなるので安定したストロークができる

外したらどうしようなどとは考えない

パッティングは方向性と強さを両立させることが大事になってきますが、ショートパットの場合は、やや方向性重視。１ｍ前後の距離は方向性だけ考え、ピンにぶつけるくらいの強さで打った方が上手くいきます。

やってはいけないのが、体が突っ込んで左に引っかけてしまうミス。「どうしても入れたい」という気持ちが強くなって、顔をカップに向けてしまうというのが原因ですが、アマチュアゴルファーでこのミスをしている人をよく見かけます。

このミスを防ぐためにもショートパットでは、左足のつま先かその外側に目印を見つけ、そこを見ながら打つようにしてください。そうすれば、頭が動かなくなり、体が突っ込むこともなくなります。

NG カップに意識がいくと上体が先行してしまう

フェースがかぶり、左に引っかけてしまうのは、インパクト前に頭が動き、上体が突っ込んでしまうのが原因。短いパットほど頭を動かさないことが大事

入れ！

POINT 1mのショートパットはピンに当てて入れる

1m前後の距離は、ピンに当てて入れるつもりでしっかり打つのがオススメ。その方が方向性に集中できるし、ヘッドもスムーズに動きやすくなる

1mだったら「ピンにガチャン」だけを意識して打っています

少し強めに打って、ピンにぶつけて入れる。強めに打てば、1m前後の距離なら左右の曲がりも消すことができる

ロングパットは距離感重視 “入れる”よりも“寄せる”

POINT 2パット狙いで距離感を合わせる

ロングパットは入れにいっても入らないし、入れにいくと強めに入って大オーバーになることも。1打目はしっかり距離感を合わせるように

NG

スタンスが狭いと転がりが悪くなる

スタンスが狭いと大きな振り幅で振れなくなり、長い距離を転がせない。また、大きく振ろうとするとバランスが崩れる。ショートパットはこれでもいいが、ロングパットには不向き

15m以上は3パットしても落ち込む必要はない

ロングパットは、方向性よりも距離感を重視して狙うというのが鉄則です。ラインを読むことも大事ですが、打ち出す方向を決めたら、強さだけを意識。また、距離にもよりますが、一発で入れようとしないで、寄せて入れるつもりで打ちましょう。一発で狙うと、強めに入ってしまうことが多いからです。

それと、ピンまで20m以上あったり、段を越えなければいけないパットは、「2パットで入れば御の字。3パットでも仕方がない」くらいのつもりで。打ち方に関しては、距離を出したいので、ショートパットに比べてスタンスは広めにしましょう。また、構えた時、左足を少し後ろに引いておくとフォローが出て転がりも良くなるし、イメージ通りに出しやすくなります。

POINT 距離を出すためにスタンスを広くする

スタンスが広いと大きな振り幅でも安定したストロークができ、強い球が打てる。構えた時、左足を後ろに引いておくとさらに打ちやすい

距離感重視で寄せる
ロングパットは
2パットを
目標にしましょう

いつもよりゆっくり上げる

体幹で打てていないとボールは止まらない

ほとんどのゴルファーが苦手とする下りのパット。基本的には距離感を合わせるしかないのですが、一番大事なのは、ピンの所に、「ぴったり止まるくらいの距離感で打つ」ことです。要は、ジャストタッチで打ちましょうということです。

それに対し、「下りは、少し大きめに打って上りを残せ」という人もいますが、あまりオススメできません。なぜなら、オーバーした後はどうしても打ち切れなくなり、ショートするケースが多いからです。

下りでぴったり止めるためにやってほしいのが、ゆっくりとしたテンポで打つことです。具体的にはゆっくり引いて、そのスピードを守ってゆっくり出す。そうすればボールのスピードが抑えられるので、大オーバーも避けることができます。

入れるというよりは
ぴったり
止めるつもりで
打ちましょう

POINT

下りのパットはぴったりくらいで打つ

下りのパットは入れに行くと大怪我に。ピンの位置にぴったり止めるつもりで打つことが大事。オーバーするよりショートする方がいい

POINT

バックスイングを気持ちゆっくりにする

バックスイングをゆっくり上げたら、そのスピードをキープしたままゆっくりヘッドを出す。ゆっくり振れば初速がコントロールでき、下りのラインでもイメージ通りに転がせる

真っ直ぐ打った時の曲がり幅を予測 その幅分、逆側を狙う

どっちに切れるか
と同時に
どれくらい切れるか
を考えましょう

POINT

実際に曲がる幅が ライン の曲がり幅になる

「何となくこれくらい曲がる」だと読みが浅めになってしまう。実際にジャストタッチで打った時、どれくらい曲がるかをイメージすることが大事だ

1 カップに向かってボールを打つ

カップに向かって真っ直ぐ構え、ジャストタッチの強さでボールを転がす。これをやる時は、距離を合わせるのがポイント。カップの横のラインにピタリと止める

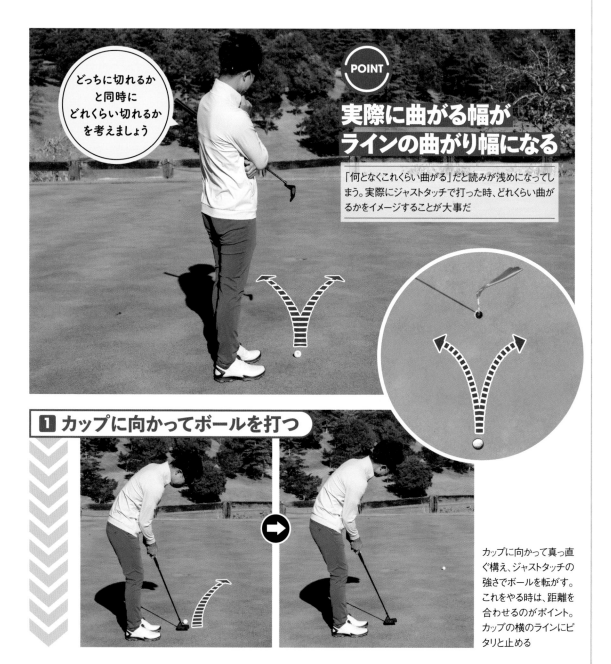

曲がり幅を見積もる訓練が足りない

「どうやって傾斜を読んでいるのか？」という質問をよく受けます。そのやり方は人それぞれだと思いますが、私のオススメの読み方を紹介しましょう。

まず、カップに向かって真っ直ぐ、ジャストタッチで打ったらどれくらい曲がるかを予想します。そして、カップの右横30cmのところに止まると予想したら、カップの30cm左を狙います。逆に打てば入るというほど単純ではありませんが、ラインの読み間違いは減るはずです。

この作業を、実際にやってみるのもいいでしょう。カップに向かってジャストタッチでボールを転がし、止まったボールと逆サイドに、曲がった分だけ打つ。このドリルをやることによって、ラインを読む力も付いてくるはずです。

2 どのくらいの曲がり幅かを確認する

ボールが止まったら、どれくらい曲がっているかを確認する。ボールが30cm右横に止まっていたら、30cm切れるスライスラインになるということ

3 右に曲がる同じ距離分左に向けて打つ

右に曲がってボールが止まったので、打つ時はカップから30cm左をターゲットにして打つ。実際のパッティングでも同じやり方でラインを読む

入口はフックラインが右サイド スライスラインが左サイド

POINT パッティングが上手い人は ラインを深めに読む

浅めに読んでカップの手前で曲がると100%カップインしないが、深めに読んでおけばラインを外れても入る可能性がある。できるだけ深めに読むようにしよう

「今日は外れても、必ず手前で切れないように打つ」と思ってラウンドしてみよう。意外と曲がり幅を、少なく見積もっていることがわかるはずだ

曲がるラインを真ん中から入れようとしていけない

ラインは合っていたけどカップの手前で切れてしまった。そういう経験をしたことがある人も多いのではないでしょうか。

カップの手前で切れたということは、ラインを浅めに読んでしまったということ。アマチュアゴルファーの中には、このように浅めに読んでミスする人が多いようです。

浅めに読むのは、曲がるラインでもカップの真ん中から入れようとしているから。基本的にフックラインはカップの右サイド、スライスラインはカップの左サイドが入口になります。つまりフックラインの時は、カップの右横からボールを入れるつもりでラインを読む必要があります。そうすれば深めにラインを読むことができ、カップインの確率もアップします。

POINT 曲がるラインの入口はカップの横側

曲がるラインではカップの真ん中からではなく横から入れるのが正解。フックラインではカップの右サイド、スライスラインでは左サイドが入口になる

スコアが変わる!

メンタルのホント

1つのテーマを掲げて それを18ホールやり切る

GOOD

1ラウンド1テーマでプレー 途中でほかのことが気になってもテーマは変えない

ラウンドする時は、テーマを1つ決めてそれをやり切ることが大事。例えば、「フィニッシュをビシッと決めよう」と決めたら、すべてのショットでそれだけを意識する。そうすれば集中力が増し、ショットも安定する。

テーマを決めた方がプレーに集中できる

ゴルファーの多くは、「今日は90を切るぞ」といったようにスコアの目標を掲げてスタートしますが、私がオススメしているのは、1ラウンド1テーマでプレーすること。例えば、「フィニッシュでバランス良く立とう」「リズムだけを考えて打とう」といったように。飛距離が出ようが出まいが、スコアが良かろうが悪かろうが関係なし。その一点に集中して、それを18ホールやり切ることです。その方が、プレーに集中できるし、もし結果が出なくても、学びが多く、次のラウンドに必ず生きます。

　ポイントは、1テーマに絞ること。ラウンド中にほかのテーマを掲げたくなっても、絶対に変えないことが大事です。やり切ることは難しいと思いますが、ぜひトライしてみてください。

BAD

テーマが多いと頭の中が混乱して結局、何をやっていいのか分からなくなる

アマチュアの場合、打つ前にいろんなことを考えすぎて、どれ1つできずに終わってしまうことが多い。そもそも人間というのは、2つ以上のことを同時にはできない。また、考えることが多過ぎると、ショットに集中できなくなる。

スコアが変わる！

メンタルのホント

スコアを崩しやすい 3つの“日”に気をつけよう

BAD

ナイスショットを見てもらいたい人やライバルとプレーする時は要注意

「この人にいいところを見せたい」と思うと、かえってプレーが崩れる。気負いすぎは不調の原因に。現に、「てらゆーさんとプレーした日は最悪だった」というレッスン生も多い。パートナーが誰でも、自分のゴルフに徹しよう。

頑張らねばと思った日ほど調子を崩しやすい

ゴルファーが、決まって調子が悪くなる日が3つあります。

1つ目は、新購入のクラブで初めてプレーする日。「結果を出さなければ」という気持ちが強くなり、かえって調子が悪くなるのでしょう。だから、多少当たらなくても焦らないこと。

2つ目は、ラウンドの前日練習。いい球を打って安心したいと思うあまり、逆にスイングが崩れることが多いようです。前日に安心を求めてはいけません。

3つ目は、私と一緒にプレーする日。特にレッスン生は、気負って調子を崩します。「いいところを見せよう」という気持ちはゴルフではプラスに働きません。皆さんも、「いいところを見せたい」と思う日があるでしょうが、そういう時こそ目の前の1打に集中しましょう。

BAD

クラブを買った直後のラウンドとラウンド前日は上手くいかないことが多い

新モデルを手に入れた直後のラウンドは、「いいショットを打たなければ」とプレッシャーが掛かる。また、ラウンド前日の練習は、“安心”が欲しいのでムキになりやすい。この両日は、上手くいかなくて当たり前だと思うことが大事。

上達《じょうたつ》の早《はや》さは逆算《ぎゃくさん》思《し》考《こう》で決《き》まる！
てらゆーのゴルフスコアメイク大《たい》全《ぜん》

2024年2月15日　初版発行
2024年9月25日　再版発行

著者／てらゆー

発行者／山下 直久

発行／株式会社KADOKAWA
〒102-8177　東京都千代田区富士見2-13-3
電話　0570-002-301（ナビダイヤル）

印刷所／TOPPANクロレ株式会社

製本所／TOPPANクロレ株式会社

●お問い合わせ
https://www.kadokawa.co.jp/（「お問い合わせ」へお進みください）
※内容によっては、お答えできない場合があります。
※サポートは日本国内のみとさせていただきます。
※Japanese text only

定価はカバーに表示してあります。

ISBN 978-4-04-606745-6　C0075